LES ALTERNATIVES AU RITALIN

Francis Brière et Christian Savard

LES ALTERNATIVES AU RITALIN

Conception graphique et mise en pages : Folio infographie
Couverture : Cyclone Design
Illustration de la couverture : PHOTOS.COM
Révision : Anik Charbonneau
Correction d'épreuves : Audrey Faille

Imprimé au Canada

ISBN-10 : 2-923351-71-1
ISBN-13 : 978-2-923351-71-1
Dépôt légal – Bibliothèque et Archives nationales du Québec, 2007

Visitez le site des Éditions Caractère
www.editionscaractere.com

Gouvernement du Québec – Programme de crédit d'impôt pour l'édition de livres – Gestion SODEC.

REMERCIEMENTS

La rédaction de ce livre n'aurait pas été possible sans l'aide de certaines personnes que je tiens à remercier bien chaleureusement. Tout d'abord, la pharmacienne Sophie Labrosse, qui m'a si généreusement fait profiter de ses connaissances. Ensuite, le Dr Gilles Truffy, un médecin à qui je voue admiration et respect. Je suis tout spécialement reconnaissant envers Daniel Rufiange, Manon Daigle et Sylviane Salois pour leur accueil un certain mardi de mai 2006. Élaine Guilbaut, grâce à son soutien, m'a été d'une grande aide.

J'aimerais également remercier les personnes que j'ai rencontrées, que ce soit par le fruit du hasard ou dans le cadre d'entrevues officielles, et dont je dois taire le nom pour préserver leur anonymat.

Et à toutes les autres que j'oublie, merci !

FRANCIS BRIÈRE

TABLE DES MATIÈRES

Remerciements   5
Préface   9
Introduction   13

PREMIÈRE PARTIE
DES MÉDICAMENTS PEU BANAUX

Démystifier le mythe   27
Les psychostimulants   34
Doses et surdoses   41
Concerta   44
Adderall   45
Imipramine   46
Ziban et Wellbutrin   47
Strattera   47
Risperdal   50
Effets indésirables   50

DEUXIÈME PARTIE
L'ENFANT « TROUBLÉ »

Évolution du trouble à la petite enfance   62
Qu'est-ce que l'attention?   65
Comorbidité   69
L'enfant et ses besoins   82
Le développement et l'apprentissage   93

Le TDAH, une maladie ?   96
Le plan d'intervention   98
Le parent en détresse   112
Le parent TDAH   116

TROISIÈME PARTIE
LES SOLUTIONS À LA MÉDICATION

Dehors, l'enfant !   123
L'approche multimodale   127
La thérapie comportementale   130
La cognition comme complément
    indissociable au comportement   133
Sur les chemins de la cognition   138
Comment agir avec un enfant hyperactif ?   153
Mon hyperactif est-il intelligent ?   159
Et si l'amour ne suffisait pas… — l'estime de soi   160
La rétroaction   166
Le neurofeedback   180
L'ergothérapie   183
Importance de l'alimentation   185
L'homéopathie et les produits naturels   193
Relaxation : médiation et massage   198
« L'alternative » de l'école   204
Le système mf   209

En conclusion…   215

Bibliographie   223

PRÉFACE

Votre enfant, votre trésor, vient de recevoir un diagnostic du trouble déficitaire de l'attention, avec ou sans hyperactivité, et vous hésitez à lui donner la médication qu'on lui prescrit? Ou bien, il la prend depuis un certain temps déjà, mais vous cherchez une autre solution, plus douce et moins invasive? Ce livre tente de répondre à vos questions.

Francis Brière fait le tour des différentes questions que tout parent se pose dans cette situation. Il présente ce qu'est le trouble déficitaire de l'attention, l'hyperactivité ainsi que divers problèmes associés ou connexes. Il décrit les divers aspects du traitement pharmacologique, ce que l'on en sait et ce que l'on continue à ignorer, ses effets désirables et ses effets indésirables. M. Brière passe aussi en revue les différentes options de traitement non médicamenteuses offertes aux enfants, et par conséquent aux parents. En cela, cet ouvrage comble un vide d'information et rend service aux parents ainsi qu'aux cliniciens. Mais ce qui s'avère plus précieux encore et bien plus rare dans le contexte des prises de postions très marquées qui caractérisent le débat actuel autour des traitements pharmacologiques du trouble déficitaire de l'attention, c'est que M. Brière conserve une position de neutralité, d'ouverture par rapport aux différentes options et de bienveillance chaleureuse à l'égard des parents. En cela, il s'agit d'une contribution précieuse susceptible d'aider grandement les parents.

Il faut dire que le traitement par médicaments de problèmes de comportement qui, il y a trente ans, n'étaient abordés qu'avec le bon sens et les stratégies éducatives de l'époque soulève énormément d'émotions. Il est facile de calmer son malaise en adoptant une position campée, en étant absolument contre, motivé par son indignation ou, au contraire, en en faisant une promotion enthousiaste et sans nuance. La réalité clinique est beaucoup plus complexe. D'un côté, la médication psychoactive fonctionne dans bien des cas et offre à plusieurs jeunes la possibilité de suivre en classe, de ne plus être mis de côté et de vivre enfin des succès scolaires. Il arrive même qu'on la recommande à des enfants de moins de cinq ans dont l'hyperactivité est telle qu'elle contribue à retarder l'acquisition d'apprentissages de base, comme le langage ou les habiletés de la vie quotidienne. Par contre, d'un autre côté, on l'administre parfois pendant des années à des enfants dont le cerveau est en plein développement, alors qu'on sait que cette substance peut en modifier le fonctionnement, qu'elle entraîne des effets secondaires réels qui, à l'occasion, sont très sérieux. Malheureusement, cette solution est parfois retenue, non pas parce que l'enfant est en difficulté, mais simplement parce qu'il perturbe son entourage.

Comment savoir si un enfant a vraiment besoin d'une médication? Il existe tellement de sources contradictoires d'information, souvent biaisées, et tellement de gens intéressés à communiquer leurs convictions, qui sont trop souvent fondées sur des anecdotes isolées. Les parents n'ont alors d'autre choix que de devenir des «consommateurs avertis» d'information. Ils doivent pour cela développer un jugement éclairé.

Quelques principes peuvent guider cette démarche. Premièrement, il n'existe pas de solutions rapides et faciles. Deuxièmement, il y aura toujours des vendeurs de miracles prêts à profiter du besoin d'espoir des parents. Troisièmement, pour que l'efficacité d'un traitement soit démontrée, il faut plus que des anecdotes. Un processus long et rigoureux qu'on appelle la «démarche scientifique» doit avoir été respecté à la lettre. Ainsi, on ne cherche pas à attribuer aux médecins le contrôle exclusif de la santé, on veut plutôt s'assurer qu'il n'y a pas d'autres explications possibles que celles établies qui entraîneraient l'efficacité d'un traitement. Par exemple, si un groupe donné n'est soumis à aucun traitement alors qu'un autre reçoit un extrait de plante et fréquente une halte-garderie durant une heure, chaque semaine, pendant que les parents rencontrent une infirmière, qu'est-ce qui est efficace? L'extrait de plante? Le soutien d'une infirmière? Une heure de congé pour les parents? Une heure de jeu pour les enfants? Pour qu'une recherche soit reconnue, il faut qu'elle inclue un groupe contrôle, que celui-ci soit soumis à des interventions suffisamment semblables à celles que subit le groupe clinique pour être comparables, mais en même temps qui diffèrent seulement sur un point essentiel, celui mesuré par l'étude. Enfin, il ne doit pas y avoir d'autres explications possibles aux résultats obtenus.

Il existe des options de rechange aux psychostimulants et au Ritalin. Heureusement. Certaines se sont toutefois révélées très décevantes, c'est le cas des diètes. D'autres sont prometteuses, mais n'ont pas encore démontré leur efficacité au moyen de devis de recherche solides, qui dépassent l'anecdotique. C'est le cas du neurofeedback. D'autres encore, toutes récentes, commencent à accumuler des preuves de leur efficacité, comme les oméga-3. De nombreuses recherches sont en cours et de très significatifs résultats seront certainement publiés dans les prochains mois ou les prochaines années.

Par ailleurs, des approches éducatives ont fait leurs preuves, mais elles demandent du travail de la part des parents, sans pour autant guérir le déficit de l'attention ou de l'hyperactivité. Au mieux, elles réduisent l'impact de ces dysfonctionnements sur la vie quotidienne.

Le maintien de l'attention et le contrôle des impulsions par l'enfant, par l'adolescent et par l'adulte représentent un travail de chaque instant effectué par le cerveau. Certains y sont favorablement prédisposés, alors que d'autres le sont significativement moins. Cela résulte du bagage génétique que l'enfant reçoit de ses deux parents, des transformations spontanées subies au cours de la gestation, des traumatismes physiologiques absorbés par le cerveau de l'enfant pendant la grossesse ou à la naissance (par exemple : stress intense, alcoolisation fœtale, prématurité), des expériences que vit l'enfant lors de ses premières années (adoption, tensions dans la famille) et, vraisemblablement, des interactions entre chacune des dimensions de la vie de cet enfant.

Celui qui souffre du déficit de l'attention n'est pas incapable d'être attentif : il doit simplement déployer plus d'efforts qu'un autre pour y parvenir. La médication n'est qu'une des options de traitement, souvent efficace, mais parfois insuffisante. Ce qu'il faut retenir, c'est que cet enfant, votre enfant, a surtout besoin qu'on le comprenne, qu'on s'adapte à lui et qu'on l'aide à s'adapter à son environnement. En cela, une bonne compréhension de son fonctionnement, de son mode de pensée, de ses forces et de ses limites représente la première intervention, la plus efficace qui soit et celle qui peut le mieux retarder ou pallier le recours à la médication.

Les pages qui suivent raffineront votre compréhension des besoins de votre enfant et vous fourniront des outils pour mieux intervenir et l'aider. Bonne lecture.

CHRISTIAN SAVARD, psychologue
Centre hospitalier universitaire Sainte-Justine

INTRODUCTION

Un enfant qui fréquente l'école doit tout d'abord apprendre à lire, à écrire et à compter. Quoi qu'on en dise, la mission première de l'établissement scolaire consiste à inculquer aux jeunes de 5 à 16 ans les notions leur permettant de s'acquitter de ces tâches. Bien que cet apprentissage soit relativement rudimentaire pour un individu qui grandit dans un pays industrialisé, il demeure essentiel pour le développement cognitif de l'enfant. Pour obtenir une maison droite et solide, il faut d'abord s'assurer que les fondations sont bien construites.

Ainsi, rendu au niveau collégial ou universitaire, le jeune adulte doit être en mesure de maîtriser la langue parlée et écrite, de même que certaines notions mathématiques de base afin de pouvoir poursuivre sa quête : devenir un adulte à part entière, apprendre à se connaître, à connaître ses champs d'intérêt, ses valeurs, ses aptitudes. Il y a des enfants privilégiés qui réussissent très bien à l'école, pratiquement sans avoir à fournir le moindre effort. En revanche, certains autres font face à de nombreux écueils qui les empêchent de s'épanouir, que ce soit sur le plan de l'adaptation scolaire, sociale, relationnelle ou autre.

Les échecs scolaires sont une source d'inquiétude pour les parents, mais surtout pour l'enfant lui-même. Ce dernier peut éprouver des difficultés à acquérir des connaissances nouvelles en deuxième ou en troisième année, à mémoriser ses leçons ou à comprendre ce qui est abstrait. Ses apprentissages peuvent également être rendus difficiles par son manque d'attention en classe ou par son incapacité à demeurer assis, sans parler, sans bouger, sans jouer. L'enfant peut se montrer agressif et hyperactif. Il dérange alors ses camarades, son professeur, ses propres parents; il se fait bruyant, insolent, impulsif. La liste des comportements indésirables s'allonge… Par contre, certains enfants qui éprouvent des difficultés à l'école réagissent d'autres façons. Ils sont lunatiques, passifs, distraits, nonchalants et abandonnent souvent devant l'effort. L'enfant qui est docile et calme attirera toutefois moins l'attention de ses parents et de ses professeurs. Les problèmes qu'il vit sont cependant les mêmes : difficulté à se concentrer, échecs répétés, humiliation, désintéressement, abandon, découragement et stress intense.

Cette observation peut mener à une réflexion concernant le diagnostic de l'enfant souffrant du trouble déficitaire de l'attention avec hyperactivité (TDAH). Le TDAH est diagnostiqué à la suite d'une évaluation effectuée par des spécialistes (médecin, pédiatre, psychoéducateur, psychologue) qui suggéreront alors un traitement. Ce livre aborde certains aspects de cette situation : quel est le meilleur traitement pour un enfant qui vit de grandes difficultés d'adaptation scolaire ? Existe-t-il des solutions autres que la pharmacothérapie ? Si l'on considère que plus d'un million d'enfants prennent quotidiennement du Ritalin aux États-Unis, il faut en conclure que la consommation actuelle de ce médicament atteint des proportions particulièrement préoccupantes. Au Québec, 1 élève sur 20 consommerait du méthylphénidate, le psychostimulant commercialisé sous le nom de « Ritalin ». On estime que, dans les milieux défavorisés, cette proportion grimperait à 12 %.

Lorsque cinq ou six enfants d'une classe de 28 élèves prennent du Ritalin, devons-nous nous alarmer ? Pourquoi autant de jeunes ont-ils besoin de prendre un médicament pour arriver à fonctionner en classe? Si les médecins prescrivent autant ce type de médication dans le but légitime d'aider ces enfants à mieux réussir à l'école, c'est sans doute que le besoin est bien réel. Après avoir pris connaissance de faits aussi inquiétants, sommes-nous en droit de remettre en question cette façon de faire? Ou le diagnostic lui-même? Les parents et les enseignants sont-ils devenus à ce point intolérants par rapport à la bougeotte des enfants que la médication est devenue une véritable panacée, et la seule qui soit? Est-il possible d'envisager, ne serait-ce qu'un instant, de délaisser les neurosciences pour faire davantage appel aux sciences sociales?

Les pressions sociales et parentales justifient d'une certaine façon l'utilisation du médicament. Par contre, un parent qui est exigeant envers son enfant risque de l'être encore davantage une fois que la médication fera effet. Si les parents ne suivent pas de près la situation, la société se chargera de rappeler aux jeunes élèves l'importance de réussir à l'école. Non seulement chaque enfant doit-il satisfaire les exigences de ses parents, mais il doit aussi plaire à son professeur et à ses camarades. La simple prise d'un comprimé améliorant sa concentration peut faire en sorte qu'il se sente à part des autres, moins performant, moins intelligent. Son estime de soi peut être modifiée et la perception qu'il a de lui-même s'en trouvera perturbée.

Il peut aussi s'agir d'une affaire de gros sous. Vers la fin des années 1990, plusieurs organismes — dont l'Église de Scientologie — se sont regroupés pour intenter un recours en justice contre les compagnies pharmaceutiques américaines. La poursuite a été rejetée, faute de preuves, mais le lobby anti-pilules continue ses activités. Des sites Internet comme **www.adhdfraud.com** dénoncent la façon dont le monde scientifique tente d'isoler le

TDAH et d'en faire une maladie dont les symptômes ne pourraient être contrôlés que par un médicament psychostimulant.
L'Église de Scientologie a mené une campagne de propagande, en
utilisant bien sûr les médias, pour aller jusqu'à nier l'existence du
TDAH, une maladie qui, selon les scientologues, aurait été
inventée par les psychologues et les psychiatres pour justifier leur
travail, de connivence avec les compagnies pharmaceutiques.

Les dizaines de milliers d'ordonnances de Ritalin qui sont
délivrées mensuellement au Québec contribuent à enrichir les
coffres des compagnies pharmaceutiques, de même que ceux des
pharmaciens. Il est facile de prendre une pilule. En revanche, un
consensus sur le sujet semble se dégager : l'adoption d'une autre
solution pour régler le problème est envisagée. Personne n'aime
prendre un médicament, personne n'aime en donner à son enfant
de surcroît. Combien de fois avons-nous entendu quelqu'un
s'exclamer à la pharmacie ou chez le médecin : « Ah, vous savez
moi, les pilules… » ?

Fiston vit des problèmes émotifs à la maison. Maman est
victime de violence conjugale. Elle s'occupe peu de son enfant
parce que la misère de sa propre vie la préoccupe davantage. Les
difficultés scolaires de son enfant ne représentent pas pour elle
une priorité. Mais son fils manifeste sa colère et sa frustration à
l'école parce que personne ne l'écoute dans son milieu familial.
Il s'éclate, bouge, s'esclaffe, se défoule. Il n'est pas attentif, il déroge
aux consignes, il manque les explications, il s'insurge même contre
le professeur, contre ses camarades, contre le monde entier. Cet
enfant dérange. Ainsi, après une consultation médicale suivie d'un
diagnostic fort convaincant, un médicament lui est prescrit pour
atténuer son hyperactivité et augmenter sa concentration en
classe. Maman accepte, elle se fie aux spécialistes et se plie à leurs
recommandations. Et puis, si ça peut aider son enfant ! Mais

pourquoi, dans cette situation, la mère ne ferait-elle pas l'objet d'un examen psychosocial? On ne s'inquiète pas du contexte socioaffectif dans lequel le jeune garçon grandit? Dans de telles conditions, le médicament servira-t-il d'antidote aux carences affectives, au manque d'attention et d'encouragement, ainsi qu'à la malbouffe gorgée de sucre et de gras que l'enfant ingurgite au quotidien?

Quel cruel constat que d'apercevoir, à l'épicerie, sur les étalages, toutes ces sucreries, toutes ces boissons artificiellement colorées, ces aliments raffinés, prêts à être réchauffés et mangés. La loi du moindre effort finira-t-elle par nous conduire à la catastrophe? Quand un pharmacien reçoit une mère accompagnée de ses trois enfants qui lui tend trois prescriptions de Ritalin, comment peut-il ne pas s'inquiéter? Il est vrai que le trouble du déficit de l'attention peut être lié à des facteurs génétiques, mais sa plus grande fréquence dans les milieux défavorisés soulève la question des facteurs sociaux qui sont trop souvent négligés!

Lorsque nous étions enfants, nous n'avons certes pas reçu la même éducation que celle que reçoivent les enfants de nos jours. Dans les années 1970-1980, nous étions toujours dehors. Il n'y avait pas d'ordinateur à la maison ni de jeux vidéo. La télévision offrait une programmation plus élémentaire et bien moins diversifiée qu'aujourd'hui. Nous étions au grand air, pour nous amuser, pour pratiquer divers sports, ou simplement pour le plaisir de nous retrouver entre camarades au parc, à la piscine, à la patinoire ou au champ.

Aujourd'hui, la situation n'est plus la même. Les jeunes jouent de moins en moins dehors. L'été, les parcs sont déserts, tout comme les patinoires l'hiver. Les adolescents s'isolent dans leur chambre ou au sous-sol avec leur Nintendo et autres gadgets électroniques, accumulant graisse et inertie. Sortons ces enfants

de leur environnement habituel et nous les trouverons sans initiative, sans motivation, sans débrouillardise, sans intérêt, sans
repère. Il est faux d'affirmer que lorsque nous étions enfants, nous
n'avions rien, et que les enfants d'aujourd'hui ont tout. Nous
pouvions compter sur une certaine richesse, une richesse de cœur,
une richesse d'âme, et nous vivions, à la façon de l'époque, dans
un monde d'abondance et probablement d'insouciance. Pour
obtenir une bonne dose de plaisir, des efforts étaient nécessaires
de notre part; nous y trouvions ainsi notre bonheur. Nous
devions, pour nous dégourdir un peu, déployer des efforts soit
physiques ou intellectuels.

Malheureusement pour la génération d'aujourd'hui, la facilité
règne à bien des égards. Inutile de se casser la tête pour trouver
des amis : on n'en a plus besoin. On peut très bien se débrouiller
seul. Il y a le clavardage sur Internet, la télévision, les jeux vidéo,
les lecteurs de musique en format MP3, et quoi encore? Il n'est
plus nécessaire de se déplacer pour aller voir un film, on peut
désormais le télécharger sur Internet. Les activités extérieures, les
sports d'équipe, les jeux comme la «tag», le drapeau et le hockey
dans la rue n'intéressent plus les jeunes. Il est plus facile de s'enfoncer dans un canapé, d'appuyer sur des boutons et de se complaire dans un monde virtuel qui pourra devenir très malsain.

Au-delà de la paresse et de la facilité, sommes-nous en train
de perdre de vue le rapprochement qui existe entre l'apprentissage
et le plaisir? Sans remettre en cause les méthodes pédagogiques
d'aujourd'hui, demandons-nous si les enfants prennent autant
de plaisir à apprendre. La curiosité intellectuelle serait-elle en voie
de disparition? Si l'*enfant Ritalin* est capable de demeurer cloué
durant des heures devant la télé, absorbé sans relâche par un
monde chaotique, complètement virtuel, et demeurant insensible
à tous les bruits potentiellement dérangeants, ne démontre-t-il

pas une capacité de concentration étonnamment bonne? Cela s'explique facilement par l'intérêt qui le retient, comme le joueur compulsif et sa machine de loterie vidéo. La comparaison est sans doute un peu osée, mais nous savons pertinemment qu'il y a de fortes chances qu'un enfant persévère dans une activité qu'il aime, une activité avec laquelle il a des affinités. Apprendre par le jeu existe toujours et le procédé fonctionne très bien. Dans la partie du livre qui traite des solutions de rechange au Ritalin, les expériences de chercheurs qui ont décidé d'aborder autrement la question du trouble déficitaire de l'attention sont présentées. Nous avons de bonnes leçons à tirer de ces recherches.

Une autre forme d'apprentissage apparaît importante. Elle concerne davantage les activités parascolaires: les sports. Le hockey fait partie des mœurs des Canadiens. Tout Québécois se souvient de sa jeunesse et des longues heures passées dans les arénas humides, tous les samedis matin, parfois dès cinq heures! Nous jouions évidemment pour le plaisir de jouer, mais aussi pour apprendre le patinage, les stratégies de base, la collaboration entre coéquipiers, le maniement du bâton et ainsi de suite. Au début des années 1970, les entraîneurs — la plupart du temps de nos pères — nous laissaient manœuvrer à notre guise, sans insister outre mesure sur l'enseignement des techniques.

Mais notre sport national a encaissé un dur coup quand il a été soudainement adopté par les Européens, et surtout par les Soviétiques. Nous suivions avec beaucoup d'intérêt les séries contre les Russes (en particulier la fameuse série du siècle!) et notre vision du hockey en a été complètement bouleversée. Ces joueurs ont démontré au monde entier que, pour connaître la réussite, il fallait maîtriser parfaitement le coup de patin. Les Russes ont donné une bonne leçon de patinage aux Nord-Américains. Ils volaient littéralement sur la glace, arrivaient partout plus rapidement que leurs adversaires. Notre orgueil collectif en a pris un coup. La mentalité des entraîneurs de l'époque a par la suite commencé à changer, car ils avaient retenu la chose suivante : montrons d'abord aux jeunes comment patiner. Nul besoin de jouer au hockey, le bâton viendra plus tard. Ce changement a eu des conséquences sur la manière dont les enfants allaient dorénavant aimer ce sport. Plusieurs ont laissé tomber parce que ce n'était plus un jeu. Le plaisir d'apprendre en jouant avait désormais disparu. Après avoir appris en nous amusant, il nous fallait maintenant renoncer à un plaisir si simple, uniquement pour obéir à un changement de mentalité. Cette méthode pédagogique accusait toutefois quelques failles.

Le concept de l'enfant-roi n'existait pas non plus dans les années 1970-1980. Aussi, c'est bien malgré lui qu'un enfant acquiert ce « statut ». Il ne l'a pas demandé. La dynamique qui s'installe entre lui et ses parents fait qu'il évolue dans la facilité, dans le manque de discipline et de limites. Rien ne lui est refusé, bien au contraire, pour lui, tout est possible, accessible. Il lui suffit de demander pour obtenir ce qu'il veut, tant et si bien qu'à la longue, ceux qui s'opposent à sa volonté doivent être prêts à tout. De nombreux parents ne comprennent pas le rôle d'autorité qu'ils ont à jouer. Ils mélangent tout et remettent en question certains comportements pourtant fondamentaux pour le bien-être de l'enfant. Ils confondent « désirs » et « besoins ». Ils croient que leur enfant s'épanouira davantage s'ils acquiescent à toutes ses demandes. Par contre, lorsqu'ils sont en désaccord avec une demande de leur enfant, les parents doivent avoir de l'énergie à revendre et démontrer une force indéniable de caractère. Est-ce que la facilité aurait aussi envahi l'univers parental ? Vraisemblablement oui. Car imposer des limites à un enfant est très exigeant. Il faut prendre le temps de s'occuper de lui et de s'intéresser à sa personne.

Par un matin d'hiver, Félix se rend à l'école en compagnie de sa mère. Marie-Claude, une femme de 35 ans, avocate de profession, s'acquitte bien de ses tâches de maman à temps plein, malgré son statut de chef de famille monoparentale. Le petit Félix a cinq ans. Il fréquente la maternelle depuis cinq mois déjà, et son adaptation s'y est déroulée sans heurt, car il avait l'expérience de la garderie. Une petite ombre au tableau ce matin : la classe lui apparaît comme un endroit moche. Depuis qu'il a ouvert l'œil, il ne cesse de répéter à sa mère qu'il n'a aucune envie d'aller à l'école. À force d'insister, Marie-Claude a réussi à lui faire enfiler ses vêtements et, finalement, ils quittent la maison. Mais, une fois en direction de l'école, Félix manifeste de nouveau son mécontentement. Il dit à sa mère qu'il ne veut pas entrer en classe, qu'il préfère retourner à la maison et demeurer au lit toute la journée. Marie-Claude est désespérée. Son fils pleure, crie, il hurle même son mécontentement. Il ne veut pas aller à l'école aujourd'hui ! Mais cette mère est une femme douce, elle ne voudrait surtout pas lever le ton ou encore employer sa force physique pour que son fils lui obéisse. Elle ne veut pas le brimer. Marie-Claude insiste toutefois, debout devant son enfant, qui la domine de plusieurs centimètres, puisqu'il a grimpé sur un banc de neige. Et voilà Félix qui pète les plombs. Il explose de colère en assénant trois coups de sac d'école au visage de sa mère. Marie-Claude n'en peut plus, elle entre seule à toute vitesse dans l'école et éclate en sanglots devant la secrétaire : « S'il vous plaît, aidez-moi, je vous en prie. Félix ne veut pas venir à l'école ce matin, je ne sais plus quoi faire ! »

Cette petite histoire semble pathétique, absurde ? Elle est pourtant bien véridique et de telles situations se produisent beaucoup plus fréquemment qu'on ne le croit. De nombreux parents vivent des situations semblables avec leur enfant. Ils n'ont aucune autorité, aucun contrôle, pire encore : ils n'obtiennent aucun respect de la part de celui qui devrait normalement les respecter le plus. Comment peut-on envisager le rôle parental de cette façon ? Le parent de l'enfant-roi ignore (ou nie) que son petit a besoin de limites claires, qu'il les recherche constamment pour se sentir en sécurité. Il a besoin d'un cadre précis à l'intérieur duquel il pourra évoluer et grandir en toute quiétude.

Dans son livre intitulé *L'enfant-roi*, Carol Allain souligne l'importance d'établir, dès la très petite enfance, les règles du jeu avec son enfant. Cette pauvre mère, si impuissante devant la colère de son enfant, est incapable d'imposer des limites et de les faire respecter. Or, il s'agit d'une tâche qui revient à l'adulte. Le parent doit orienter son jeune de façon précise et lui indiquer la marche à suivre. Par ailleurs, le geste démissionnaire concernant l'autorité n'est pas anodin. Il équivaut à dire : « C'est mon enfant, mais il se trouve sur votre territoire, occupez-vous-en. » Selon plusieurs spécialistes et intervenants du milieu scolaire, la déresponsabilisation des parents est devenue un phénomène alarmant. L'école a le dos large : elle doit prendre la quasi entière responsabilité de tout ce qui concerne l'éducation des enfants. Et puis, si les choses se bousculent et que ça va mal, on se tourne vers le professeur et la direction de l'école pour trouver un coupable.

Le présent ouvrage propose donc au lecteur de jeter un regard critique sur la pharmacothérapie destinée aux enfants qui vivent des difficultés d'adaptation scolaire. La démarche ne vise pas à condamner la médication ou les professionnels de la santé qui la prescrivent. Dans une perspective plus humaniste, le lecteur est plutôt invité à réfléchir à la question et à envisager des solutions qui pourraient servir de nouvelles pistes à explorer avec l'enfant. Cet ouvrage présente une vulgarisation scientifique de la situation. Le profane y trouvera son compte en prenant connaissance de certains faits et en découvrant les mythes et les croyances qui y sont souvent associés.

Ce livre peut aussi servir d'outil de référence pour le parent dont l'enfant aurait reçu un diagnostic du TDAH : il permettra de mieux comprendre cette question de trouble ou de désordre de l'attention, ainsi que la pharmacothérapie qui s'y rattache. Il s'agit d'abord de cerner les indications du Ritalin et d'en comprendre les effets et les bienfaits. Ce médicament, malgré toute la controverse qu'il suscite, aide de nombreux enfants à améliorer leur condition en peu de temps. Chez plusieurs, les changements sont relativement spectaculaires ! Malheureusement, ce n'est pas toujours le cas. Des histoires d'horreur se répètent au quotidien. Certains enfants ne dorment plus, ne mangent plus, deviennent apathiques, voire dépressifs. Leurs résultats scolaires ne s'améliorent pas. Dans plusieurs cas, il s'agit alors d'ajuster la dose. Mieux vaut commencer faiblement et augmenter progressivement, car une surdose peut avoir des conséquences désastreuses.

De plus, il semble tout à fait opportun de mettre à jour la condition humaine qui est à l'origine du diagnostic et, par conséquent, du traitement pharmacologique. Qu'appelle-t-on un enfant « troublé » ? Les professionnels de la santé ne parleront pas de guérison chez un enfant qui éprouve des difficultés, puisqu'il n'est atteint d'aucune maladie, mais aussi parce qu'à l'origine du déficit de l'attention se trouve un développement atypique du cerveau que la médication ne peut corriger. Elle ne peut qu'en atténuer les effets. Le trouble déficitaire de l'attention accompagné d'hyperactivité trouverait son origine dans un désordre relié à la chimie du cerveau ainsi que dans l'organisation des différentes zones qui travaillent ensemble. À la fois controversée et complexe, cette hypothèse suggère plutôt un dysfonctionnement et non une maladie curable. Quelles en sont donc les causes ? Peut-on parler d'une certaine forme d'hérédité? Ou, au contraire, s'agirait-il plutôt d'un trouble dérivé de conditions psychosociales peu favorables?

Le fameux débat inné/acquis, ou nature/culture, est de nouveau au cœur d'une réflexion pourtant bien actuelle. Gardons à l'esprit qu'il n'existe pas de mesure absolue, objective et totalement fiable du déficit de l'attention, que c'est par l'observation du comportement d'un enfant et de ce que les parents en disent qu'on finit par affirmer qu'un enfant présente des problèmes d'attention importants. Pourquoi cette façon de faire? Parce qu'il n'existe à l'heure actuelle aucune autre manière pour procéder à un diagnostic. L'évaluation ne peut se faire autrement qu'en observant les symptômes qui se manifestent. Il n'y a pas de mesure scientifique vérifiable qui permette d'établir un pronostic précis: on s'en remet à l'évaluation d'un ou de plusieurs individus en essayant de la rendre la moins subjective possible par l'utilisation de divers instruments qu'on dit standardisés.

Finalement, la troisième partie de cet ouvrage propose d'explorer des méthodes complémentaires ou compensatoires à la pharmacothérapie. Vous serez peut-être tenté d'y voir des solutions toutes faites visant à bannir le médicament, mais là n'est pas l'objectif de la présente démarche. Il y sera entre autres question des oméga-3 auxquels on attribue des effets quasi miraculeux. Il faut en tout temps demeurer vigilant. Nous savons que l'alimentation joue un rôle important sur la santé en général, incluant la santé mentale. En revanche, nous ne pouvons nous en remettre uniquement à un contrôle total des aliments, en éliminant le sucre et le gras de l'alimentation de nos enfants, tout cela pour assurer leur réussite scolaire.

En matière d'éducation, plusieurs pistes de réflexion intéresseront certainement le lecteur. Des chercheurs et professeurs en psychoéducation ont entrepris des études dont les résultats risquent de changer notre façon d'aborder les problèmes reliés à l'apprentissage. En effet, certaines méthodes pédagogiques appropriées sont susceptibles de modifier considérablement le comportement des enfants troublés. Elles améliorent leur capacité de concentration, leur sociabilité ainsi que leurs résultats scolaires.

Il faut également envisager la thérapie comportementale comme complément à la médication. En combinant ces deux approches, il est possible d'obtenir d'excellents résultats à court et à plus long terme. Au départ, la thérapie de type comportemental suppose que l'impulsivité et la distraction de l'enfant l'amènent, dans des circonstances données, à adopter des comportements inadéquats par rapport à son environnement. La thérapie propose donc, par différentes techniques, de remplacer ces comportements indésirables par d'autres, plus appropriés et mieux adaptés à l'enfant. Il ne s'agit pas, bien entendu, de guérir le TDAH, mais plutôt d'en réduire les effets négatifs. La thérapie du comportement n'est pas la seule avenue offerte aux individus désireux d'apporter des changements à leur vie. En revanche, elle est de loin la plus appropriée pour les enfants. Pourquoi? Parce que la méthode est claire, efficace et que les résulats sont rapides.

PREMIÈRE PARTIE

DES MÉDICAMENTS PEU BANAUX

DÉMYSTIFIER LE MYTHE

Plusieurs mythes et croyances populaires hantent encore l'esprit de bon nombre de gens en 2006 à propos des médicaments. Un petit sondage personnel vous indiquerait que certaines personnes de votre entourage croient que le Ritalin est un calmant. « Ça calme l'enfant qui est trop agité pour écouter convenablement en classe. » Certes, ce médicament est prescrit aux enfants qui manifestent un réel problème d'hyperactivité, mais il l'est aussi à des enfants qui manquent d'attention, qui sont lunatiques et qui n'ont aucunement besoin d'un calmant. L'enfant qui bouge trop risque évidemment d'être plus distrait par ce qui se passe ailleurs. Il sera probablement moins attentif aux consignes, moins discipliné, moins productif. Par conséquent, il aura plus de difficulté à arriver aux mêmes résultats que ses compagnons de classe qui, eux, se montrent plus dociles et plus attentifs.

Quoi qu'il en soit, une croyance populaire encore très répandue soutient que le méthylphénidate — « Ritalin » étant le nom commercial du médicament — est une substance calmante. Or, il n'en est rien, bien au contraire. Le Ritalin est d'abord un stimulant. Il s'agit, en fait, d'un dérivé d'amphétamine. Sans vouloir alarmer le parent-lecteur, le profil chimique de ce produit n'est pas très loin de celui de la cocaïne. Qui ne connaît pas les effets stimulants de cette drogue ? Les amphétamines, à l'état pur, sont aussi consommées par certaines personnes comme une drogue. Cela s'appelle du *speed*. Le moins qu'on puisse dire, c'est que le Ritalin n'est pas une substance banale.

D'autres médicaments prescrits pour des raisons médicales ressemblent à des drogues illégales. L'Extasy — la fameuse drogue du plaisir — est un proche dérivé de l'Effexor (venlafaxine), un antidépresseur populaire depuis quelque temps. Dans une certaine mesure, le Ritalin est comme de la caféine en pilule. Elle a pour effet de stimuler le système nerveux central, c'est-à-dire la partie du cerveau par laquelle on pense, on perçoit, on éprouve des émotions, on planifie, on agit, etc. En revanche, chez l'enfant, l'effet du Ritalin est plus productif. Comme tout médicament, même l'aspirine, le Ritalin s'accompagne d'effets secondaires qui peuvent se manifester de façon plus gênante. Lorsque le café a fait son apparition en France, au 19e siècle, la caféine répondait à un besoin bien réel. Les intellectuels de l'époque avaient noté et appréciaient les effets bénéfiques de cette substance sur leur organisme. Cette boisson chaude, l'une des plus appréciées au monde aujourd'hui, leur donnait un bon coup de main quand il s'agissait de se réunir et de créer. Grâce à la caféine, le potentiel créateur et la fertilité intellectuelle de chacun augmentaient, tout comme la capacité de concentration. Voilà l'effet que produit le café sur l'humain : il améliore la concentration. Sans vouloir sous-entendre que la caféine est l'équivalent du méthylphénidate, les effets se ressemblent beaucoup. Ainsi, la caféine augmente le niveau de dopamine dans le cerveau, de façon similaire à l'effet des amphétamines ou du Ritalin. Le Ritalin agit toutefois sur d'autres neurotransmetteurs, dont la noradrénaline.

Certaines personnes croient que tous les médicaments, quels qu'ils soient, provoquent un phénomène d'accoutumance. Tout comme les antidépresseurs, le Ritalin agit sur les neurotransmetteurs du cerveau et provoque de profonds changements dans le fonctionnement chimique de la matière grise humaine. L'accoutumance physique se distingue bien entendu de l'accoutumance psychologique. L'antidépresseur peut devenir une béquille si le patient s'en remet au médicament pour assurer son bien-être. Le phénomène d'accoutumance s'expliquerait plutôt par un problème de sevrage. Privé de caféine, d'amphétamines ou de toute autre substance, l'organisme réagit de façon plus ou moins perturbante, tout dépendant de l'usage qui a été fait de la substance en question et pendant quelle durée. Un adulte qui boit deux ou trois tasses de café par jour constatera rapidement les effets de la privation. Un matin sans café et les effets de « manque » commencent : maux de tête, étourdissements, nausée…

Dans le cas du Ritalin, on a craint par le passé qu'il conduise l'enfant à la toxicomanie et à l'alcoolisme une fois adolescent ou adulte. Or, cette inquiétude provenait du fait que les premières recherches scientifiques cherchaient à démontrer que les adolescents qui avaient été soumis au Ritalin dans leur enfance présentaient davantage de problèmes de toxicomanie, d'alcoolisme et de délinquance que ceux qui n'en avaient pas pris. Il était donc facile d'affirmer que le Ritalin causait ces problèmes ! Des recherches mieux conçues ont par la suite révélé que oui, les enfants hyperactifs qui avaient consommé du Ritalin étaient plus à risque pour chacun de ces comportements déviants. Par contre, lorsqu'on comparait ces enfants à d'autres enfants hyperactifs qui n'avaient toutefois pas fait usage de Ritalin, la relation inverse était constatée : ceux qui avaient pris du Ritalin présentaient moins de risques de comportements déviants que les autres. Ici, deux facteurs sont actifs. Tout d'abord, les enfants hyperactifs, qu'ils aient ou non pris du Ritalin, apparaissent comme très intéressés par toutes les expériences et les émotions intenses. La délinquance, la drogue et l'alcool agissent alors tels des amplificateurs d'émotions, c'est-à-dire des activités ou des substances auxquelles on peut s'intéresser lorsqu'on aime les sensations fortes. Puisque le Ritalin ne modifie pas l'organisation du cerveau, il ne peut éliminer cette propension. Et ensuite, deuxième facteur, ces comportements négatifs, c'est-à-dire la consommation abusive d'alcool ou de drogue ainsi que la délinquance, sont aussi motivés par des facteurs sociaux. Autrement dit, les chances qu'un jeune soit attiré par ce genre d'expérience sont augmentées si celui-ci se sent rejeté des autres, s'il a des conflits fréquents avec ses parents, s'il fréquente d'autres jeunes qui sont aussi victimes de rejet. Le Ritalin, en permettant une meilleure intégration sociale et davantage de succès à l'école, peut protéger à long terme l'enfant qui le consomme.

Le méthylphénidate est métabolisé très rapidement, c'est-à-dire qu'une fois avalé, il lui faut entre 20 et 30 minutes pour être assimilé dans le sang et commencer à agir. Aussi, une fois qu'il est dans le sang, il est éliminé très rapidement. Cela constitue à la fois un grand avantage et un grand inconvénient. Cette réalité amène l'enfant à en prendre une deuxième et même parfois une troisième dose dans la journée. De plus, comme les effets désirables durent moins de quatre heures, l'enfant profite des effets bénéfiques pendant qu'il est à l'école et n'en présente presque plus lorsqu'il est de retour à la maison. Par contre, cette assimilation rapide permet, conformément à la recommandation de plusieurs pédiatres, qu'on donne des congés de médication à l'enfant. On peut ainsi lui en administrer seulement lorsque nécessaire et s'en abstenir pendant les vacances scolaires et les fins de semaine. Il se peut que cette approche ne soit pas recommandée pour les enfants dont l'hyperactivité est sévère et exige une prescription plus forte que la moyenne. Il n'est pas rare que les pharmaciens aient à dépanner des patients dont l'ordonnance de leur enfant est expirée ou dont le rendez-vous chez le médecin se fait tarder. Si l'ordonnance de votre enfant n'est plus renouvelable, surtout consultez le spécialiste sans tarder, avant l'épuisement des médicaments. Quand il s'agit de modifier l'action des neurotransmetteurs, comme c'est le cas avec ce type de médicament, il ne faut pas sous-estimer les effets de la privation. Ils sont pernicieux et fort désagréables pour la personne qui les subit.

S'il existe des mythes entourant le Ritalin, il en existe tout autant en ce qui concerne le trouble déficitaire de l'attention avec ou sans hyperactivité. Voilà pourquoi il est important que l'information sur la question soit juste et objective. Il s'agit d'un sujet complexe et délicat, et parfois, il est difficile de savoir qui croire. Voici quelques affirmations erronées que l'on entend souvent à propos du TDAH :

L'enfant qui souffre de ce trouble est paresseux et manque visiblement de motivation

Cette affirmation est totalement fausse. L'enfant qui souffre de ce trouble doit faire un effort incroyable pour maintenir son attention et exécuter certaines tâches. La fatigue, le découragement et l'impatience prenant souvent le dessus, l'enfant décide alors d'abandonner ce qui lui semble trop difficile à réaliser. La motivation n'est pas en cause ici, ce sont plutôt les capacités de l'individu qui font défaut. Un enfant normal peut rester concentré durant une période de temps donnée sans que cela exige un surcroît d'effort. L'enfant qui souffre du TDAH devra déployer considérablement plus d'énergie pour arriver au même résultat.

Les jeunes qui souffrent du TDAH sont mal éduqués

Il est facile d'imaginer la culpabilité qui ronge certains parents. En comparant leur enfant à d'autres, ces adultes peuvent conclure qu'ils ne savent pas imposer leurs règles et les faire respecter. Mais les enfants qui souffrent du TDAH n'arrivent tout simplement pas à composer avec les règles aussi aisément que les autres jeunes. Ce déficit les empêche justement de s'y conformer. Ils sont donc beaucoup plus difficiles à éduquer. Les parents dont l'enfant se développe normalement ne peuvent imaginer à quel point il peut être difficile d'élever un enfant qui présente un déficit de l'attention ou de l'hyperactivité. Qui choisirait librement d'élever un enfant qui apprend peu de ses erreurs, qui a peine à se retenir d'agir impulsivement lorsqu'on le réprimande, qui oublie constamment les demandes qu'on lui fait, qui arrive difficilement à s'organiser sans qu'on l'aide, tandis que d'autres enfants plus jeunes y arrivent sans difficulté apparente ?

Le trouble déficitaire de l'attention disparaît à l'adolescence

On sait maintenant que c'est faux, mais on a longtemps cru que c'était normalement le cas. On n'a qu'à regarder attentivement l'un ou l'autre des parents d'un enfant pour s'en convaincre. Nous savons qu'environ 50 % des enfants continueront d'éprouver des symptômes à l'âge adulte et qu'il s'agira davantage d'inattention et d'impulsivité que d'hyperactivité. En revanche, pour certains jeunes, l'hyperactivité diminue de façon considérable lors de la puberté. Il est important de mentionner que le cheminement professionnel que choisiront ces adolescents sera déterminant en ce qui concerne l'impact des symptômes du déficit de l'attention. Si un jeune décide, par exemple, d'entreprendre des études qui le mèneront vers un travail manuel ou plus concret, les effets du TDAH risquent moins de le faire souffrir. Ainsi, son choix sera mieux adapté à ses capacités.

Un enfant qui arrive à se concentrer pour regarder la télé ou jouer à un jeu vidéo ne présente assurément pas un TDAH

En fait, un enfant qui souffre d'un trouble de déficit de l'attention arrive à se concentrer lorsqu'il s'agit d'une activité qui le passionne. La réponse à ce mystère se trouve dans le fonctionnement du cerveau. En effet, on a l'impression que notre pensée est linéaire, qu'elle suit un fil, mais dans la réalité, il n'en est rien. Imaginez qu'on dépose devant vous une pomme. Automatiquement, les différentes régions de votre cerveau s'activeront en fonction de leur spécialisation propre. Une partie va constater que la « chose » est rouge, une autre qu'elle est ronde, une autre encore qu'elle s'appelle « pomme », une autre va se souvenir que c'est sucré, une autre évoquera le souvenir d'une pomme mangée en camping avec votre père, quelques années auparavant, une autre constatera que cela ressemble à une balle, une autre ressentira finalement le plaisir anticipé à la prendre et à la lancer contre le mur. L'idée qui atteindra notre conscience est celle qui sera la plus importante dans le contexte où l'on se trouve, c'est-à-dire celle qui rassemblera le plus grand nombre de ces idées secondaires. Cependant, toutes les idées n'ont pas le même poids et celles qui sont associées à des émotions ont plus de chances d'être considérées. La raison en est simple : les émotions sont associées à un système dans le cerveau, le « système limbique », qui traite les informations particulièrement importantes pour l'individu. Donc, toute activité associée à un plaisir réel pourra bénéficier d'un surcroît d'énergie pour être soit évitée (pensons aux devoirs ou au ménage de la chambre), soit recherchée. Ce surcroît d'énergie permettra à l'enfant de demeurer attentif, plus longtemps. Il est vrai que, dans le cas de la télévision et des jeux vidéo, ces activités sont extrêmement stimulantes et répondent au besoin d'action éprouvé par ces jeunes. Certains hyperactifs passionnés d'échec pourront demeurer concentrés des heures sur un match, justement parce que cela les passionne. En revanche, il leur est plus difficile de s'appliquer à faire des devoirs ou à étudier, à dessiner, à lire ou à jouer à un jeu plus intellectuel, car ce sont des activités moins attrayantes et, surtout, moins stimulantes. On pourrait d'ailleurs définir le déficit de l'attention et l'hyperactivité comme une difficulté à tolérer la monotonie, à ce qui est monotone aux yeux de l'enfant et non pas à ceux de l'adulte.

Le trouble déficitaire de l'attention engendre un retard de développement cognitif

Cette affirmation est fausse dans la mesure où le jeune qui souffre du TDAH possède souvent les mêmes capacités de développement de son intelligence que les autres. Nous savons aussi pertinemment que ces enfants possèdent souvent d'autres qualités, notamment une sensibilité et une créativité accrues. Enfin, il est également possible que les jeunes qui présentent un déficit de l'attention accumulent un certain retard dans leur apprentissage. Gardons donc à l'esprit qu'un trouble d'apprentissage peut s'ajouter à un déficit de l'attention. Il faut alors considérer cela comme un élément de comorbidité, un thème dont nous traiterons plus loin, mais que nous définirons ici, à des fins de compréhension, comme étant un phénomène selon lequel le TDAH est associé à d'autres problèmes (comportementaux ou de dépendance, notamment) ou maladies.

LES PSYCHOSTIMULANTS

La plupart des gens connaissent le Ritalin — ou méthylphénidate. Quand nous entendons quelqu'un parler de ce médicament, nous savons qu'il s'agit d'une substance destinée à remédier au trouble déficitaire de l'attention avec ou sans hyperactivité. Le nom a laissé sa trace dans tous les milieux socioéconomiques. En revanche, si le Ritalin est bien connu du grand public, d'un point de vue scientifique, ses effets exacts au cerveau demeurent bien mystérieux. On connaît mal son action sur la chimie du cerveau. Cela peut sembler absurde que des millions d'enfants prennent un médicament dont on ne connaît pas trop le fonctionnement lorsqu'il se trouve absorbé dans l'organisme, mais il en va de même pour une quantité étonnante de médicaments qui sont ainsi recommandés sur la base de leur efficacité sans que leurs effets réels soient bien compris.

Une chose est certaine : le Ritalin fonctionne. Du moins pour de nombreux enfants, et même pour des adultes. Parce qu'il est vrai que les médecins prescrivent parfois du Ritalin — dans des cas de moins en moins rares — à des hommes et à des femmes. La pharmacologie moderne a donc trouvé une application à cette substance par un processus d'essais et d'erreurs, en observant les effets thérapeutiques du médicament. La petite histoire du Ritalin veut que les effets bénéfiques de cette substance aient été découverts par hasard, dans les années 1950, par un médecin qui effectuait une recherche, cessée depuis, portant sur un test cardiopulmonaire. Ce chercheur voulait réduire les effets secondaires négatifs de ce test, et ce sont les mères des enfants à qui on avait prescrit ce médicament qui l'ont informé des effets bénéfiques sur le fonctionnement scolaire de leur enfant. Nous pourrions comparer l'aventure du Ritalin à celle des antidépresseurs qui ont fait leur apparition dans ces mêmes années. Les scientifiques ont constaté le potentiel de leur effet. Bien entendu, les médicaments qui sont prescrits en 2006 ont beaucoup évolué. Toujours grâce à l'observation, l'industrie pharmaceutique a trouvé diverses utilisations à ces substances ainsi que des vertus parfois insoupçonnées. On pense entre autres au Ziban, que les médecins prescrivent aux personnes qui désirent cesser de fumer. Or, le Ziban est un antidépresseur à la base. De la même façon, le Ritalin peut aussi servir à traiter d'autres types de problèmes, comme la narcolepsie — un dysfonctionnement grave du sommeil. Le Ritalin n'est toutefois pas le seul médicament prescrit pour traiter les problèmes reliés à la concentration et à l'apprentissage. Il en existe d'autres dans la famille des amphétamines, telle la Dexedrine. Quoi qu'il en soit, le Ritalin remporte la palme en ce qui concerne la popularité d'un médicament, et son nom est bien implanté dans la mémoire collective.

Le Ritalin tire son efficacité de son action sur le système nerveux central en provoquant des changements sur des neuro-transmetteurs particuliers. Les neurotransmetteurs sont des substances chimiques contenues dans le cerveau qui permettent l'échange de messages entre les cellules et, par extension, entre les diverses zones ayant des rôles spécifiques et qui doivent travailler ensemble dans les activités de la vie quotidienne. Ces messagers de la matière grise sont l'objet de l'attention soutenue des méde-cins spécialistes et des chercheurs. Leur rôle est mieux compris aujourd'hui, mais les neurologues et les psychiatres pataugent encore dans l'inconnu en ce qui concerne les aspects les plus pointus de leur fonctionnement spécifique.

Les nouvelles techniques d'imagerie cérébrale nous aident à mieux comprendre ce qui se passe à l'intérieur du cerveau, mais ces outils demeurent bien rudimentaires et lents en comparaison de la complexité et la rapidité du cerveau. Certaines réactions se font en 15 millisecondes! Nous savons que la sérotonine module l'humeur, que ce messager est responsable, dans une certaine mesure, du bonheur des individus et que la personne qui souffre de dépression présente un désordre relié à la sérotonine. C'est comme si cette fameuse substance se retrouvait en quantité insuffisante dans le cerveau et qu'elle n'était plus en mesure de satisfaire les besoins du patient parce qu'un certain mécanisme a semé le désordre dans le processus d'échange des neurotransmetteurs. C'est là que l'antidépresseur entre en jeu : il fait en sorte que le messager devienne ou redevienne efficace et qu'il fasse son travail.

Le Ritalin se compare aux antidépresseurs du fait que ces deux types de substances agissent de façon similaire, c'est-à-dire qu'elles modifient la communication des messages dans le cerveau. C'est une explication très brève, mais qui reflète essentiellement le mécanisme d'action de ces médicaments. Car même s'ils existent tous deux depuis plus de cinquante ans, leur fonctionnement demeure énigmatique. Pour preuve, on peut lire dans un manuel technique[1] qui énumère les psychostimulants existants pour le traitement du TDAH : « Le mécanisme d'action exact des stimulants est inconnu. Ils pourraient stimuler la libération de la noradrénaline et de la dopamine ». Il est intéressant de noter que le deuxième verbe est au conditionnel…

Dans le cas qui nous occupe, les spécialistes estiment que l'enfant qui présente des symptômes de déficit de l'attention avec hyperactivité serait victime d'un désordre relié à deux neurotransmetteurs : la noradrénaline et la dopamine. Le premier serait davantage concerné que le deuxième. Ce désordre se situerait dans la partie du lobe frontal du cerveau, endroit qui abrite certaines émotions, dont la colère, mais aussi le contrôle pulsionnel et la concentration. On se doit d'employer ici le conditionnel pour les raisons évoquées plus tôt, soit l'impossibilité d'en arriver à des certitudes quant au fonctionnement du cerveau. La dopamine

---

1. Virani, Adil S. *Trouble du déficit de l'attention/hyperactivité (TDAH)*, FC Essentielle (Apotex Inc.), 2006

serait donc responsable, entre autres, de la capacité de concentration de l'individu. Selon les scientifiques, l'enfant qui souffre du
TDAH présenterait, pour des raisons purement biochimiques,
une carence en dopamine. Quant à la noradrénaline, ce neurotransmetteur se trouve responsable de la motivation. Cette
fameuse *drive*. Concentration, motivation, contrôle émotif et
pulsionnel, voilà les éléments indispensables à la réussite scolaire.

Le méthylphénidate possède la capacité de rétablir un certain
équilibre chimique dans le cerveau. Les neurotransmetteurs
peuvent alors continuer à faire leur travail en acheminant les
messages à bon port. Gardons à l'esprit que le Ritalin, comme les
autres psychostimulants, augmente l'activité cérébrale au sens
large du terme. C'est ce qu'on appelle l'« effet paradoxal du
Ritalin » : il active le cerveau pour que l'enfant parvienne à garder
le contrôle de lui-même. Pour mieux comprendre, imaginons
l'intersection de deux rues importantes et très achalandées à
l'heure de pointe. Un agent de la circulation doit gérer cette dense
circulation routière. L'agent en question, c'est le cerveau. Chaque
seconde, il doit donner la priorité à certaines informations (pour
l'enfant, ce pourrait être le professeur qui parle, les consignes qu'il
donne) et en négliger d'autres (la gomme à effacer sur le bureau,
son voisin qui parle, une rêverie, ou autre). Or, le cerveau de
l'enfant hyperactif se compare à cet agent de la circulation qui
serait dans un état somnolent et dont le manque de vigilance le
mettrait à risque de causer un accident. Le Ritalin agirait alors
comme un bon café (pour reprendre cet exemple) qui le raviverait
pour lui permettre d'anticiper ce qui s'en vient et de ne pas se
laisser distraire par un automobiliste trop pressé qui klaxonnerait
devant lui. Le Ritalin aide l'enfant à se calmer lui-même, à
demeurer vigilant et à s'empêcher d'agir impulsivement.

Malheureusement, le Ritalin présente aussi des effets secondaires réels. Un enfant peut être extrêmement amorphe s'il tolère mal le médicament. Certains enfants semblent atones et apathiques. Cela résulte souvent d'une dose trop forte ; une réduction de la posologie est habituellement suivie par l'apparition d'une certaine vivacité chez l'enfant. Généralement, la dose est ajustée par un phénomène de titration, c'est-à-dire que le médecin commence par une faible dose, souvent en dessous de la dose optimale, qu'il augmente jusqu'à ce que l'effet soit suffisant pour permettre un bon fonctionnement de l'enfant dans son milieu. Cette apathie que présentent certains enfants va même jusqu'à prendre l'intensité de symptômes de dépression. Ces effets cessent lorsque la prise de Ritalin est interrompue. Cet effet secondaire est relativement rare, autant que le sont les cas de psychose induits par le Ritalin. Il arrive toutefois, dans de très rares cas, que certains enfants qui présentent une fragilité de naissance les rendant susceptibles à la psychose développent un épisode à la suite d'un début de prise de Ritalin. D'autres substances qui agissent sur le cerveau, comme la marijuana (le pot), peuvent avoir un effet semblable chez certains adolescents.

Ces effets secondaires sont suffisamment rares pour que le Ritalin demeure utilisé à grande échelle en Occident. D'autres effets secondaires peuvent également se manifester. Ainsi, plusieurs enfants présenteront des maux de ventre et de tête dans les premiers temps de la prise du médicament. Ces effets sont transitoires et persistent rarement au-delà des premiers jours ou des premières semaines. Les effets secondaires les plus fréquents sont la perte d'appétit et de sommeil. Ils résultent de l'effet psychostimulant du Ritalin sur le système nerveux autonome, la partie du cerveau qui gère la maintenance de l'organisme. On a craint par le passé que cela puisse nuire à la croissance des enfants. Des études ont toutefois démontré un rattrapage dans l'appétit ainsi qu'en ce qui a trait à la croissance et à cet égard, le groupe des enfants ayant pris du Ritalin n'était, en moyenne, pas significativement plus petit que celui des enfants qui n'ont pas été soumis au traitement. Les congés de médication la fin de semaine et durant les vacances aident ce rattrapage. Les pédiatres suggéreront aussi aux parents de donner le médicament après le déjeuner, pour que l'enfant prenne un bon repas le matin. Le dîner est souvent sacrifié, mais l'enfant retrouve l'appétit au souper, et on pourra le laisser prendre une collation avant qu'il aille se coucher. Pour ce qui est du sommeil, certaines techniques de relaxation sont bénéfiques, de même que des produits naturels, comme la valériane. Les parents pourront mieux tolérer que l'enfant s'endorme plus tard s'ils lui demandent de rester tranquille dans son lit, à lire ou à écouter de la musique douce. Par ailleurs, à moins d'une médication trop forte, l'enfant ne devrait pas éprouver de somnolence en classe qui pourrait nuire à son fonctionnement.

Certains enfants qui prennent de fortes doses de Ritalin en raison d'un problème sévère peuvent sentir leur anxiété augmenter de façon générale par cette médication. Il peut s'ensuivre des comportements d'évitement, un besoin si intense de maîtriser l'environnement (dans le but de se rassurer) qu'on doive envisager une autre médication.

Il arrive, dans d'autres cas, qu'un enfant présente un effet rebond : il devient beaucoup plus agité et irritable au moment où le médicament cesse d'être efficace. La solution est alors d'employer une dose plus constante, telle que le permet le Concerta (du Ritalin, mais dans une capsule spéciale) ou bien l'un des autres médicaments agissant sur l'attention. En général, l'effet thérapeutique du médicament sur le niveau de concentration de l'enfant dépasse les effets secondaires, sauf pour certains enfants.

C'est donc en soupesant les uns et les autres que les parents peuvent ultimement prendre la décision, éclairés par l'avis du médecin, de poursuivre ou non la médication. Encore une fois, selon les études cliniques, il est possible d'affirmer que le Ritalin fonctionne, et ce, pratiquement sans équivoque. Les scientifiques observent constamment les effets du médicament. Le méthylphénidate active donc réellement ces zones cérébrales qui concernent la capacité de concentration, la réflexion avant l'action et le comportement.

DOSES ET SURDOSES

Les psychostimulants se divisent en trois groupes, comme nous l'avons vu précédemment, selon la durée de leur action : effet de courte durée, effet à durée intermédiaire et effet à longue durée. Bien entendu, plus la durée de l'effet est courte, plus l'enfant devra prendre une quantité importante de comprimés dans une journée. Or, dans certains cas, le fait de prendre trois doses par jour peut représenter un inconvénient, ne serait-ce que parce que les autres élèves de la classe peuvent être conscients de la prise du médicament et s'en servir pour se moquer de l'enfant.

Le Ritalin, comme c'est le cas pour la plupart des psychostimulants, comporte cet avantage d'agir rapidement et sur une période relativement courte. Même s'il existe trois catégories de médicaments stimulants, il s'agit de substances que l'organisme absorbe presque instantanément et dont les effets se font sentir immédiatement. Ce n'est pas le cas des antidépresseurs, qui peuvent prendre plusieurs semaines avant que leurs bienfaits soient ressentis. Les psychostimulants se divisent en trois groupes : effet de longue durée, effet à durée intermédiaire et effet de courte durée. Bien entendu, plus la durée de l'effet est courte, plus l'enfant devra répéter la prise de sa médication dans une journée.

Dans certains cas, le fait de prendre trois doses par jour peut représenter un sérieux inconvénient. Pour un stimulant tel que le Ritalin ou le Concerta, la plus longue durée d'effet thérapeutique est d'environ douze heures, alors que la plus courte se situe aux alentours de trois ou quatre heures. Puisque le médicament agit en quelques minutes à peine, cela constitue un avantage dans la mesure où son rendement peut être évalué rapidement sur le sujet, à savoir les effets indésirables et les effets thérapeutiques, ce qui permet aux intervenants de juger de la pertinence de poursuivre le traitement.

Les stimulants à courte durée d'action (comme le Ritalin et la Dexedrine) doivent habituellement être pris deux ou trois fois par jour : un comprimé le matin, un autre à l'heure du midi (à l'école) et possiblement un autre après l'école. Ce type de stimulant maîtrise les symptômes rapidement, mais pour trois ou quatre heures seulement. C'est pour cette raison que les psychostimulants à durée d'action intermédiaire ont été mis au point : ils réduisent le nombre de doses quotidiennes à deux. Enfin, les stimulants à action prolongée se prennent une fois par jour, le matin. Ils commencent à agir en deux heures ou moins et leur effet se fait sentir habituellement durant douze heures. Une libération constante et uniforme du médicament pendant la journée permet d'éviter les fluctuations de comportement qu'on observe avec les psychostimulants à courte durée d'action. Dans tous les cas, afin d'éviter des problèmes de sommeil, les spécialistes suggèrent de prendre le médicament avant seize heures.

En ce qui concerne la dose prescrite, il n'y a pas de force préétablie. La sensibilité de chaque sujet varie et c'est au médecin de juger de la dose et de l'ajuster au besoin. Au début du traitement, les médecins recommandent des doses orales faibles, soit un demi-comprimé de 10 mg, deux fois par jour (le matin et lors du repas du midi), et ils font augmenter graduellement cette dose quotidienne de 5 à 10 mg chaque semaine, jusqu'à l'obtention de l'effet thérapeutique voulu sans jamais dépasser 60 mg par jour.

Voici à quoi peuvent ressembler les conséquences d'une surdose de Ritalin : vomissements, agitation, tremblements, spasmes musculaires, convulsions pouvant entraîner le coma, confusion, hallucinations, délire, transpiration, maux de tête, fièvre, tachycardie, palpitations, arythmie cardiaque et hypertension. L'enfant peut éprouver un seul ou plusieurs de ces symptômes.

Il est donc important de respecter le traitement prescrit par le médecin. Ainsi, s'il juge que, pour le bien de l'enfant, la médication doit être constante dans son organisme, il faudra poursuivre le traitement au Ritalin les jours de congé scolaire. En effet, dans certains cas, les problèmes que vit l'enfant seront tels que la présence stable dans son organisme de sa médication présentera un bénéfice net pour lui-même, ne serait-ce que de favoriser le développement d'une image positive de lui-même grâce à une attitude plus agréable et moins axée sur les réprimandes de la part de ses parents (puisqu'il sera moins agité).

Toutefois, si la prescription ne vise que les jours de classe, il ne faut pas en administrer à l'enfant la fin de semaine, et ce, pour une raison précise : plusieurs études rapportent un retard de croissance chez certains enfants pendant leur traitement. Il faut toutefois savoir que ce retard est réversible à l'arrêt du traitement. Une diminution de la sécrétion d'hormone de croissance est mise en cause, mais seulement lorsque de fortes doses sont prescrites. Deux mois après l'arrêt du méthylphénidate, les scientifiques notent un retour à une courbe de croissance normale. De plus, en raison de son action hâtive, l'effet du Ritalin peut rapidement être évalué. Si le médicament prescrit à dose thérapeutique ne procure pas de bienfait après un mois de traitement rigoureusement suivi, il sera préférable de l'interrompre. En revanche, le méthylphénidate peut être prescrit aussi longtemps que ses effets procurent une réelle amélioration sur le plan scolaire, ce qui est habituellement jusqu'à l'adolescence.

D'autres psychostimulants peuvent être employés si le Ritalin s'avère inefficace ou si ses effets secondaires sont trop dérangeants. Certains enfants réagiront alors très bien à la Dexedrine, tandis qu'ils réagissaient mal au Ritalin. Il s'agit d'une forme plus pure d'amphétamine. Ce n'est qu'après une sérieuse réflexion qu'on y recourra, car elle peut présenter des effets secondaires graves, notamment cardiaques (en plus de tous les autres effets secondaires des psychostimulants). Les risques de surdose sont bien réels et ne sont pas à prendre à la légère.

CONCERTA

Des parents pensent que le Concerta est un médicament qui diffère du Ritalin. Or, il s'agit plutôt de la même substance chimique, mais enveloppée d'une capsule spéciale qui permet d'abord une première libération du médicament, celle-ci aussi rapide que le Ritalin, puis une seconde libération, celle-là plus lente et à diffusion régulière. Cette formule a succédé au Ritalin longue durée qui, plutôt que de durer trois ou quatre heures comme le Ritalin « ordinaire », dure sept ou huit heures. Dans le cas du Concerta, son effet pourrait s'étendre jusqu'à 10 et même 12 heures. Cela présente plusieurs avantages. Tout d'abord, l'enfant prend son comprimé le matin avant d'aller à l'école et personne ne sait qu'il prend une médication. L'effet stigmatisant de présenter de l'hyperactivité ou un déficit de l'attention vient d'être éliminé. L'enfant évite les phrases discriminatoires du genre : « Aie ! tu m'déranges, va prendre ton Ritalin ! » L'effet rebond serait aussi moins intense (période d'aggravation de l'agitation lorsque la médication cesse d'agir). L'enfant lui-même ne passerait pas par un genre de montagnes russes pharmacologique puisque l'intensité maximale de l'effet serait moindre que celle du Ritalin. Par contre, des expériences cliniques démontrent que certains enfants, certains jours, sont aussi excités que s'ils n'avaient rien pris. Finalement, le Concerta demeure du méthylphénidate, ce qui signifie qu'il présente les mêmes effets secondaires sur le sommeil et l'appétit.

ADDERALL

L'Adderall est un autre psychostimulant. S'il est moins connu au Québec, c'est sans doute en raison de la mauvaise publicité que lui a donné le retrait de son approbation par Santé Canada en 2005. L'organisme gouvernemental réagissait à la mort de neuf enfants et adolescents aux États-Unis (la Food and Drug Administration avait, pour sa part, décidé de continuer à l'autoriser). Quelques mois plus tard, il était de nouveau autorisé, car aucune de ces morts ne résultait de la seule prescription du médicament. Ses effets secondaires sont les mêmes que ceux des autres stimulants. Certains pédiatres spécialisés dans le traitement du déficit de l'attention et de l'hyperactivité apprécient son efficacité.

Outre la famille des psychostimulants, il existe de nombreux autres médicaments prescrits par les médecins pour le traitement du trouble qui nous préoccupe. Sans en dresser une liste exhaustive et très technique, passons-les rapidement en revue afin d'en présenter les grandes lignes.

Les médecins opteront dans la majorité des cas pour le méthylphénidate ou la dextroamphétamine, même si plusieurs autres médicaments sont efficaces pour le traitement du déficit de l'attention. Mais ces « autres médicaments », quels sont-ils ?

IMIPRAMINE

Les antidépresseurs ont le dos large. Leur spectre d'action s'étend bien au-delà de la dépression. Prenons le Ziban, qui est maintenant prescrit contre le tabagisme, ou encore ce qu'on appelle les «antidépresseurs tricycliques» (ATC), qui sont parfois utilisés dans le traitement de certains problèmes, comme ceux du sommeil et de l'anxiété. Cette grande famille de médicaments a été très populaire dans les années 1970 et 1980. Depuis, d'autres substances ont fait leur apparition, à leur détriment. Les nouveaux antidépresseurs causent moins d'effets indésirables, tout en agissant de façon plus sélective. En revanche, l'imipramine peut s'avérer utile pour traiter les symptômes du trouble du déficit de l'attention. Ce médicament tend à augmenter la présence de certaines hormones dans le cerveau, telles la noradrénaline et la sérotonine. Or, le cas qui nous occupe concerne davantage le premier neurotransmetteur. Le principal avantage de l'imipramine la distingue des stimulants du fait qu'elle présente un risque beaucoup plus faible de provoquer un effet rebond (de l'hyperactivité, par exemple). De plus, l'imipramine comporte moins de risques en ce qui concerne les tics et la psychose. Autrement dit, les effets indésirables observés plus fréquemment avec les psychostimulants se font beaucoup plus rares avec ce médicament. En revanche, la liste noire n'est pas plus courte pour autant. Parmi les effets indésirables observés, on constate: somnolence, léthargie, fatigue, faiblesse, gain pondéral, confusion, étourdissements, sécheresse de la bouche, constipation et nausée. De plus, les médecins sont souvent réticents à prescrire sur une longue période une médication aussi puissante que les antidépresseurs, alors que leurs effets sur le développement du cerveau de l'enfant sont moins bien connus et potentiellement plus lourds de conséquences que ceux du Ritalin.

ZIBAN ET WELLBUTRIN

Si vous entendez parler de Ziban, rappelez-vous qu'il s'agit du nom commercial du médicament. Sa substance se nomme «bupropion» (amfébutamone), et elle est également présente dans le Wellbutrin. Encore une fois, son mécanisme d'action n'est pas bien compris. En revanche, nous savons qu'il aide deux neurotransmetteurs à mieux acheminer les messages dans le cerveau : la noradrénaline et la dopamine. La comparaison du bupropion avec les autres antidépresseurs de la famille des tricycliques permet de constater qu'il comporte certains avantages non négligeables. Il présente notamment beaucoup moins de risques de causer la somnolence et un gain de poids. Aussi, il est indiqué pour l'adulte souffrant du TDAH qui désire cesser de fumer. Quant à ses effets indésirables, on note : agitation, bouche sèche, insomnie, maux de tête, constipation, nausée, sudation excessive, tachycardie (augmentation et irrégularité du rythme cardiaque), convulsions.

STRATTERA

Le Strattera (atomoxétine) a vu le jour en 2003. Il s'agit d'un «inhibiteur sélectif du recaptage de la noradrénaline» (ISRN)[2]. Il fait véritablement partie d'une nouvelle classe de médicament qui propose une approche différente de celle des stimulants utilisés depuis les années 1950. Des recherches effectuées par le

---

2. L'inhibiteur sélectif du «recaptage» de la noradrénaline (ou de la sérotonine, ou de la dopamine) est une appellation qui peut effrayer certains lecteurs. Pour simplifier l'expression, nous l'expliquons brièvement ici : le principe actif de l'antidépresseur consiste à aider un processus chimique du cerveau à mieux faire son travail. Cela repose essentiellement sur la libération de ces neurotransmetteurs, en empêchant leur «capture» par d'autres entités impliquées dans le processus, qu'on appelle les «synapses», et ce, toujours dans le but de permettre aux transmetteurs d'acheminer les messages plus adéquatement.

fabricant auprès de plus de 4 000 patients ont démontré son efficacité lors du traitement du trouble de déficit de l'attention avec ou sans hyperactivité. D'un point de vue international, plus de trois millions de patients ont consommé ce médicament, notamment en Australie, en Argentine, en Colombie, en République Dominicaine, au Mexique, au Pérou, aux États-Unis, au Royaume-Uni et au Venezuela. En revanche, il n'est sur le marché canadien que depuis 2005.

La description détaillée du fonctionnement de ce médicament excède du sujet du présent ouvrage, étant donné la complexité des mécanismes impliqués. Il est somme toute relativement nouveau sur le marché, et son action rappelle beaucoup celle d'un antidépresseur. Toutefois, même s'il n'en est pas un, le Strattera permet aux neurotransmetteurs de faire leur travail en empêchant leur « recapture », ce fameux mécanisme qui pourrait faire défaut chez les enfants souffrant du TDAH. Ce genre de médicament s'avère une solution fort intéressante pour les sujets qui présentent une intolérance marquée au Ritalin ou qui en supportent mal les effets indésirables. Le Strattera aurait, entre autres, l'avantage de diminuer les comportements d'opposition des enfants qui le prennent. De plus, puisqu'il ne s'agit pas d'un psychostimulant, il occasionne moins l'augmentation de l'anxiété de certains enfants, chez qui cet état constitue un problème considérable.

Un bémol se dresse au tableau : il en coûte, au Québec, en 2006, environ 180 $ par mois pour un traitement au Strattera. En effet, la Régie de l'assurance maladie du Québec ne rembourse les frais que si le Strattera a été approuvé comme médicament d'exception. Pour ce faire, le médecin traitant doit démontrer qu'un autre médicament — par exemple, le Ritalin — a fait l'objet d'un essai avec une dose « optimum » et que les effets thérapeutiques ont été insatisfaisants, ou encore que les effets indésirables étaient difficilement tolérés par le sujet. Cet obstacle concernant le remboursement des frais relègue donc le Strattera au second rang dans les solutions pharmacologiques, pour le moment du moins.

Outre son efficacité, le Strattera, comme c'est malheureusement le cas avec tous les médicaments, présente des effets secondaires qui varient d'une personne à une autre. Les plus courants chez l'enfant et l'adolescent sont : estomac perturbé, perte d'appétit, nausées et vomissements, étourdissements, fatigue et impulsivité. De plus, l'expérience clinique que nous donne le recul des quelques années depuis son approbation par Santé Canada démontre que l'efficacité de ce médicament est parfois décevante.

Mis à part le Ritalin, tous les médicaments cités précédemment sont considérés comme des antidépresseurs. Une différence très importante entre les deux familles de médicaments concerne ce qu'on appelle la « pharmacocinétique ». Il s'agit du temps qui est nécessaire au corps humain pour absorber la médication. L'agent actif des stimulants comme le Ritalin est absorbé très rapidement, et son effet thérapeutique se fait ainsi sentir au bout de quelques minutes. À l'inverse, les antidépresseurs présentent généralement un rythme d'action très lent. Voilà pourquoi le traitement est souvent abandonné : les bienfaits ne sont ressentis qu'après plusieurs semaines, alors que les effets indésirables, quant à eux, se manifestent beaucoup plus rapidement. C'est ainsi qu'en cas de dépression traitée avec un antidépresseur tel le Prozac, il pourrait s'écouler six semaines avant que l'individu ne ressente une amélioration de son état grâce au traitement. Sans compter que sa demi-vie[3] est de plusieurs jours. Par conséquent, autant

---

3. La demi-vie est une donnée relative aux médicaments qui permet d'informer les professionnels de la santé en ce qui concerne la longévité de l'agent actif dans l'organisme. Ainsi, la demi-vie correspond à la moitié du temps que le corps humain prend pour éliminer complètement la substance.

pour les parents que pour le médecin traitant, l'antidépresseur n'est pas un traitement de premier choix contre le trouble du déficit de l'attention avec ou sans hyperactivité. Le temps nécessaire pour que le médicament soit efficace constitue toujours un problème, surtout lorsque le sujet est un enfant.

RISPERDAL

Le Risperdal est un médicament de la famille des neuroleptiques. Il est principalement utilisé dans le traitement de psychoses et de la schizophrénie. Il est souvent prescrit par des pédopsychiatres et pédiatres développementalistes pour traiter des jeunes qui présentent une hyperactivité aiguë ainsi que des crises de rage tellement intenses que toute la vie de la famille en est troublée. Il pourrait aussi être employé dans le traitement d'autres psychopathologies. On pense entre autres à des troubles bipolaires ou à des symptômes maniaques. Ce traitement est souvent de troisième ligne, c'est-à-dire qu'il est prescrit une fois que le Ritalin et d'autres médicaments n'ont pas été efficaces. Cette médication est cependant assez puissante. En fait, elle exige un suivi pédiatrique rapproché, car ses effets secondaires peuvent être sérieux. Le Risperdal peut notamment entraîner, à long terme, un gain de poids, du diabète ainsi que des problèmes de foie.

EFFETS INDÉSIRABLES

Lorsqu'il s'agit des effets indésirables des médicaments, nous entrons dans une zone grise où même la science la plus exacte ne détient pas toutes les réponses. Chaque individu réagit différemment, avec une intensité variable, qui va de minime à très forte. L'intensité et la gravité potentielle des effets secondaires sont toujours prises en compte (ou devraient toujours l'être) dans le choix d'une médication. Les effets secondaires du Ritalin sont bien réels et ils peuvent avoir un impact sérieux sur l'enfant et sur la famille. Par exemple, si un enfant traité au Ritalin n'arrive plus à dormir, un stress général peut s'installer, tant chez ses parents que chez lui-même, lorsque le moment d'aller au lit approche. Des conflits peuvent survenir ou, plus simplement, les parents peuvent être inquiets pour la santé de leur enfant. C'est ainsi qu'une très grande proportion des parents qui commencent à donner du Ritalin à leur enfant cessent avant la fin de la première année du traitement. Il faut donc, pour qu'une médication soit prescrite, que les problèmes d'inattention et d'agitation de l'enfant soient suffisamment sérieux pour surpasser ses effets secondaires. La décision d'amorcer un traitement du genre ne se prend pas à la légère, l'impact du trouble sur le fonctionnement actuel et sur le développement d'un enfant doit être sérieux. Pour prendre une décision éclairée, les parents doivent donc connaître la liste des effets secondaires et en détecter les signes.

Si vous consultez la fiche descriptive du pharmacien, ou encore celle du CPS[4], vous constaterez que les effets indésirables potentiels rapportés en disent assez long. Voici un résumé de cette liste :

- trouble du sommeil ;
- nausée, vomissements ;
- perte d'appétit ;
- agitation extrême ;
- maux de tête ;
- maux d'estomac ;
- étourdissements ;

---

4. CPS — Compendium des produits et spécialités pharmaceutiques — la référence par excellence pour tous les professionnels de la santé en matière de médicaments en vente au Canada.

- apathie;
- fatigue;
- sautes d'humeur.

L'autre réserve qui subsiste quant à l'utilisation d'un psychostimulant concerne les cas où le sujet souffrirait d'angoisses paralysantes ou encore de psychoses. Ce type de médication est alors contre-indiqué. Si votre enfant manifeste un délire de persécution en cherchant des microphones dans le plafond, il vous faut à tout prix le mentionner au médecin. Aucun traitement à base de stimulant ne devra lui être prescrit. En effet, l'un des effets secondaires bien connus du Ritalin concerne le fait qu'il augmente les symptômes de troubles anxieux et de psychose. Le méthylphénidate ne devrait jamais être prescrit dans le cas où le sujet aurait des affections cardiovasculaires graves, un problème de glaucome ou encore le syndrome de Gilles de la Tourette.

De plus, le Ritalin et les autres psychostimulants sont approuvés par Santé Canada pour les enfants de plus de six ans. Est-il juste de proscrire cette médication à tout enfant de moins de six ans? Comme toujours, la réalité clinique est beaucoup plus complexe que la théorie ou les chiffres sur papier. Le trouble déficitaire d'attention et l'hyperactivité n'attendent pas les six ans de l'enfant pour se manifester. Certains enfants présentent une légère prédisposition ou un trouble de l'attention et une hyperactivité tel qu'ils accumulent des retards dans leur développement. Il y a donc des cas où la médication est suggérée à des enfants de cinq ans, parfois quatre ans et même trois ans. Évidemment, ce n'est pas pour soulager les parents, quoique, imaginez le désespoir d'un père et d'une mère qui ont à composer avec une petite tornade de trois ans et demi qui comprend à peine le langage. Par ailleurs, la plus grande prudence est de mise pour les jeunes adolescentes en âge de procréer et qui seraient possiblement enceintes. Nous ne savons à peu près rien des effets nocifs du médicament sur un fœtus.

Les psychostimulants ne sont pas les seuls à présenter des effets indésirables, puisque les antidépresseurs en présentent également. Précisons toutefois que les compagnies pharmaceutiques sont tenues d'aviser Santé Canada de toute donnée ou tout résultat d'une étude qui serait susceptible de provoquer des conséquences graves chez le sujet. Or, voici un extrait d'un communiqué de presse que la compagnie Eli Lilly, fabricant du Strattera, a envoyé au gouvernement du Canada.

Objet : Mise en garde sur STRATTERA[MC] (chlorhydrate d'atomoxétine) par Santé Canada

TORONTO, Ontario — 29 septembre, 2005 — *Par suite de discussions avec Santé Canada, Eli Lilly Canada tient à informer la population de l'ajout d'une mise en garde concernant le médicament STRATTERA[MC] (chlorhydrate d'atomoxétine) employé dans le trouble déficitaire de l'attention avec hyperactivité (TDAH). La mise en garde explique que Strattera, pris à tout âge, peut exercer sur le comportement et les émotions des effets pouvant augmenter le risque d'automutilation.*

La mise en garde apparaîtra dans la documentation destinée aux patients et dans les renseignements thérapeutiques qui sont réservés aux professionnels de la santé.

Les patients, tout comme les membres de la famille et les personnes soignantes, doivent prendre note que l'état des patients traités par Strattera pourra s'aggraver chez un petit nombre d'entre eux, plus particulièrement dans les premières semaines du traitement ou après un ajustement de la dose. On observera, par exemple, des sentiments inhabituels d'agressivité, d'hostilité ou d'anxiété ou encore une impulsivité et des pensées inquiétantes au point de vouloir s'automutiler.

Veuillez consulter votre médecin immédiatement si vous avez de telles manifestations. N'arrêtez pas de prendre votre médicament de votre propre initiative. Les médicaments du TDAH sont des plus sûrs et efficaces, moyennant une bonne communication de ce que le patient ressent à son médecin traitant.

Les médecins doivent surveiller attentivement chez les patients de tout âge l'apparition d'effets sur le comportement ou les émotions pouvant représenter un danger, y compris des pensées suicidaires et l'apparition ou l'aggravation de réactions indésirables du type agitation.

La mise en garde fait suite à une analyse récente des résultats d'études, contrôlées par placebo, sur Strattera, ayant montré une fréquence plus élevée de pensées suicidaires chez les enfants et adolescents traités par Strattera (5/1 357 [0,37 %]) par rapport à ceux prenant un placebo (0/851).

Si ce communiqué paraissait dans un quotidien, la panique s'emparerait de la population et des groupes de lobby feraient pression pour bannir ce médicament au pays. En revanche, il ne s'agit pas d'un fait nouveau. Nous savons depuis un bon moment que les antidépresseurs peuvent provoquer ce genre d'effets indésirables en plus forte proportion chez les enfants et les adolescents. Les pensées suicidaires et même les tentatives de suicide sont des effets indésirables connus de certains antidépresseurs de générations récentes et qui se manifestent chez les jeunes de moins de 18 ans. Quant à l'automutilation, elle serait plutôt reliée à un phénomène d'agitation, mais, bien entendu, toujours en lien avec des pensées négatives. Ces effets indésirables ne sont toutefois pas très bien connus. Les causes demeurent obscures et de telles manifestations se produisent très rarement. Bien que la possibilité, aussi faible soit-elle, qu'un enfant ait des idées aussi morbides

sème la panique dans plusieurs esprits, cela ne signifie pas nécessairement que ce médicament est dangereux. N'oublions pas que
le Strattera, comme tous les antidépresseurs de générations plus
récentes, se charge d'empêcher un certain mécanisme du cerveau
de bousiller le travail des neurotransmetteurs, ces messagers de
l'esprit qui sont responsables de notre bien-être dans une large
mesure. Nous savons aussi que les effets d'un médicament varient
d'un individu à l'autre. Malgré le fait que le Strattera agit lentement sur l'organisme, un enfant qui prend cette médication doit
être suivi de très près par le médecin traitant. Ce dernier doit
s'assurer que l'enfant supporte bien le traitement et que les effets
désirés se font sentir dans une période de temps raisonnable.

DEUXIÈME PARTIE

L'ENFANT « TROUBLÉ »

L'amour instruit les dieux et les hommes, car nul n'apprend sans désirer apprendre.

Simone Weil

Attardons-nous maintenant à l'enfant, le principal concerné. Puisque ce livre traite non seulement du Ritalin, mais aussi des enfants, cette partie abordera la question du désordre chez l'enfant « troublé », ce petit qui ne cesse de bouger, de déranger, de distraire et de se distraire. Comme il en a été mention au début de cet ouvrage, l'*enfant Ritalin* est victime d'un dysfonctionnement qui nuit d'abord à sa capacité d'être attentif. Parce qu'il a de la difficulté à garder son calme, à rester en place, il considère sa présence en classe comme un véritable calvaire. En revanche, nous pourrions affirmer assez aisément que la capacité d'attention est relativement bonne chez la plupart de ces enfants, bien qu'elle diminue rapidement. Un enfant sera attentif plus longtemps si l'activité l'intéresse. C'est ainsi qu'il passe deux heures à s'amuser avec un jeu vidéo, concentré à un point tel qu'il n'entend plus les gens lui parler, près de lui.

La paresse intellectuelle n'aidant pas, le manque de stimulation donnera du fil à retordre à ces enfants, pour qui le fait de rester assis vingt minutes au même endroit, à écouter un professeur, devient très difficile. L'adulte qui raconte quelque chose à un enfant souffrant du TDAH devra souvent se répéter, car cet enfant a une mémoire à court terme extrêmement fragile. Par exemple, on peut lui montrer la forme d'une lettre de l'alphabet et, quelques minutes plus tard, il ne s'en souviendra pas. Ces enfants sont également incapables de recevoir plusieurs consignes en même temps. Les tâches qui leur sont confiées doivent être bien expliquées, une à la fois, sinon il ne leur sera pas possible d'accomplir de petites réalisations. De plus, il est important qu'on ne leur fasse faire qu'une seule chose à la fois et qu'on s'assure qu'ils l'aient bien accomplie avant de leur demander autre chose.

L'enfant qui souffre du TDAH commence souvent à agir avant la fin de la directive, de même qu'il répond avant que la question ne soit complètement énoncée. Son impulsivité lui cause des ennuis. Il agit et parle sans réfléchir ; il semble impoli, car il interrompt les gens, et dit tout haut ce qui lui passe par la tête. N'étant pas patient, il a de la difficulté à attendre son tour. De plus, il n'apprend pas de ses erreurs. Physiquement, il s'impose comme un petit tyran : il bouscule les autres et les fait trébucher, donne coups de poing et coups de pied, des gestes qui sont acceptables à ses yeux.

Les enfants aux prises avec un déficit de l'attention souffrent également d'isolement. Ils sont incompris de leur entourage et donnent souvent l'impression de ne pas faire d'efforts, de ne pas participer aux travaux de groupe. Puisqu'il est très difficile de les discipliner, leur comportement déplaît aux camarades de classe et aux amis. Ces enfants s'intègrent mal socialement. Ils ne comprennent pas les notions d'obéissance et de conformité. Ils ont souvent de la difficulté à regarder leur interlocuteur dans les yeux quand on leur parle, comme si aucune connexion directe avec l'adulte n'était possible.

En ce qui concerne l'hyperactivité motrice, l'enfant qui souffre du TDAH éprouve en plus de la difficulté à retenir son agitation. On le surprend fréquemment à faire des mouvements inutiles, qui n'ont aucun lien avec la tâche à effectuer. En général, 90 % des enfants hyperactifs ont des résultats scolaires inférieurs à leur potentiel, ce qui risque de leur occasionner un problème d'estime de soi et de les inciter au décrochage scolaire plus tard, à l'adolescence. Les échecs scolaires peuvent détruire l'estime de soi, à plus forte raison lorsqu'ils débutent dès la petite enfance. L'agitation est à son maximum de l'âge de quatre ans à l'âge de sept ans, puis elle diminue. Autre fait, ces enfants présentent, dans bien des cas, des problèmes d'insomnie. Ils dorment peu, sont très vifs, en plus d'être parfois soit précoces soit en retard, dans l'apprentissage du langage. Plus de la moitié des enfants qui souffrent du TDAH ont des problèmes de comportement, de colère, d'agressivité, d'intolérance ou de frustration.

Parmi les personnes rencontrées dans le cadre de la rédaction de ce livre, l'une d'elles s'est distinguée par l'éclat qui est apparu dans ses yeux quand il a été question du titre. Le mot « Ritalin » a allumé son regard et une longue discussion fort intéressante s'en est suivie. Il s'agit d'une mère de famille qui a donné naissance à deux enfants. Au moment où notre conversation a eu lieu, son petit garçon avait deux ans et sa fillette, cinq ans. Son intérêt pour le Ritalin provenait-il d'un questionnement personnel sur les enfants et la médication ? Ce qu'elle avait à raconter était bouleversant : l'histoire de la petite Audrey a de quoi faire frémir.

Les parents semblent toujours, à première vue, bien intentionnés. La mère s'avère attentive et préoccupée par le bien-être de son enfant, et le père, qui semble un peu plus mou, paraît aussi compétent. La petite Audrey, donc, fréquente une école privée. Elle a débuté à la maternelle en septembre, à l'âge de cinq ans, comme il se doit. Mais, dès le début d'octobre, son enseignante a noté un retard important. La petite montrait déjà des difficultés d'apprentissage. Elle a été évaluée par les différents intervenants afin qu'un plan d'action adéquat puisse être défini. On se doute bien du résultat de l'évaluation : trouble du déficit de l'attention. À cinq ans, cette enfant était déjà étiquetée pour les années à venir. Audrey a donc reçu sa prescription du pédiatre : Concerta, du méthylphénidate à action prolongée. Les parents ont aussi jugé bon de la faire voir par un psychologue pour enfants reconnu.

En lisant cet extrait du témoignage de la mère, pouvons-nous nous demander comment il est possible d'hypothéquer l'avenir d'une enfant de la sorte ? À la maternelle, les petits ne doivent-ils pas passer la majorité de leur temps à s'amuser ? L'école privée que fréquente Audrey offre de l'encadrement, de la stimulation intellectuelle et une bonne qualité d'enseignement. En revanche, à leur âge, ces jeunes enfants commencent déjà à écrire en lettres attachées… Quelle est la pertinence d'une telle obligation ? La petite avait évidemment du mal à s'acquitter de ces tâches qui sont normalement destinées à des enfants plus âgés.

La mère expliquait, lors de notre rencontre, que sa fille n'est pas hyperactive. Elle présente plutôt des difficultés d'adaptation, un comportement social parfois inadéquat et une tendance à la confrontation et à l'obstination. Audrey ne se fait pas des amis facilement. Elle a du mal à se faire accepter par ses pairs et devient souvent agressive lorsqu'elle est frustrée. Depuis qu'elle prend la médication, les résultats ne s'améliorent pas et son comportement s'est même détérioré. Sa mère est inquiète des retards importants qu'elle accumule dans son apprentissage. Les spécialistes de la santé qui l'ont évaluée et qui la suivent encore prétendent — et certainement avec raison — que la petite n'a pas acquis la maturité nécessaire pour se développer à la fois sur le plan cognitif et sur le plan affectif ou social. Concerta n'a fait qu'exacerber les crises de colère. Et quand Audrey est en crise, elle perd le contrôle, crie, pleure et n'est réceptive à aucune parole, à aucun geste. Sa mère a noté une nette régression depuis que le médecin a suggéré d'augmenter la dose du médicament.

Cette histoire représente un cas difficile. Pourquoi ? Parce que, d'une part, les symptômes que présente la petite Audrey ne sont pas très clairs et, d'autre part, la médication ne semble pas donner de résultats très concluants pour l'instant. De plus, il n'est pas certain que son retard d'apprentissage soit causé par un manque d'attention. Cependant, il semble assez évident au premier abord que cette enfant ne sait pas comment se comporter en société. Elle n'a visiblement pas les outils qui lui permettraient de se faire accepter par ses compagnons et de gagner leur respect. Mais Audrey souffre-t-elle vraiment du trouble déficitaire de l'attention ? Ne s'agirait-il pas plutôt de troubles associés, comme le trouble envahissant du développement ou encore le trouble oppositionnel avec provocation ? Nous aborderons le sujet dans le cadre de la dernière partie. Certes, les parents de cette enfant sont inquiets des conséquences de ce retard sur son développement. Ils sont aussi conscients que leur fille vit des moments difficiles à plusieurs égards. Tout d'abord, lorsqu'elle est en crise, elle perd totalement le contrôle de ses émotions, mais une fois la tempête terminée, elle éprouve de cuisants remords. « Je ne sais pas ce qui m'a pris, maman, je ne veux tellement pas être comme ça. C'est plus fort que moi. On dirait que je ne me contrôle pas, que ce n'est pas moi qui décide. » Le mois de mai enfin arrivé, les dirigeants et les intervenants de l'école ont suggéré aux parents d'Audrey de lui faire recommencer son année scolaire. On se heurte à l'évidence… Mais après tout, Audrey n'a que cinq ans.

ÉVOLUTION DU TROUBLE À LA PETITE ENFANCE

La condition des enfants qui souffrent de problèmes d'attention varie considérablement selon l'âge. Bien entendu, les symptômes principaux du TDAH se manifesteront dès l'enfance et dureront jusqu'au début de l'âge adulte, parfois même au-delà, mais certaines caractéristiques peuvent se modifier avec le temps. Et puis, les jeunes enfants ne présentent pas tous les mêmes symptômes au même âge. Il existe malgré tout quelques similarités chez ces petits, comme les pleurs fréquents, la difficulté émotionnelle (l'enfant est inconsolable, par exemple) et les troubles du sommeil. On a remarqué que les bébés qui souffriront ultérieurement du trouble déficitaire de l'attention pleurent plus souvent et plus longtemps. Ces pleurs peuvent même perturber les séances d'allaitement. De plus, les premières vocalisations ont tendance à se produire plus tard chez ces nourrissons. Alors que la plupart des bébés commencent à babiller avant leur premier anniversaire, chez ces petits, cela tarde un peu. On a observé également que certains de ces poupons n'aiment pas se faire prendre. Comble de malheur pour l'enfant, tous ces facteurs ajoutés à la réalité que le bébé pleure plus souvent et manque de sommeil font que la mère a parfois du mal à s'attacher à son enfant. La relation mère–enfant se développe alors plus difficilement.

Les parents remarquent que les problèmes avec leur enfant commencent lorsque celui-ci atteint l'âge préscolaire. En effet, l'enfant hyperactif et impulsif de cet âge exhibe une agitation motrice excessive, une curiosité infatigable et un comportement parfois destructeur — des comportements qui demandent beaucoup d'attention de la part des parents. Les crises de l'enfant sont fréquentes et il obéit rarement aux consignes des adultes. On note également une certaine inconscience par rapport aux dangers. Ces enfants présentent parfois un retard en ce qui concerne leur développement moteur. Quant à l'apprentissage du langage, il faut savoir que la précocité autant que le retard sont possibles. Enfin, ils grimpent souvent sur les meubles, se blessent, brisent leurs jouets. Généralement, les enfants de cet âge commencent à développer des relations sociales. Chez les petits troublés, cette étape s'avère laborieuse, de même que l'apprentissage de la propreté. Des chercheurs[5] ont aussi remarqué chez les enfants de quatre et cinq ans atteints du trouble déficitaire de l'attention qu'ils changent de jeu plus souvent, s'amusent de façon immature et discutent moins avec leurs camarades. Gardons à l'esprit que les petits de cet âge ne sont pas tellement différents des autres. En effet, certains parents penseront que les comportements plus difficiles de leur enfant sont dus à un retard du développement. Ils patienteront en espérant que tout rentrera dans l'ordre. En revanche, la garderie peut servir de milieu d'observation pour certains enfants et les parents peuvent demander de l'aide en cas de besoin.

C'est bien entendu à l'école que les symptômes du trouble déficitaire de l'attention se font le plus remarquer. Très souvent, ce sont les enseignants de la maternelle qui constatent d'abord qu'un problème semble se manifester. C'est aussi à ce moment que l'on recommande le plus souvent l'évaluation des élèves. Les troubles que l'on considérait mineurs autrefois interfèrent maintenant avec les exigences du milieu scolaire, qui sont plus importantes en ce qui concerne le comportement et les capacités d'attention. En classe, il est évident que les enfants qui ne sont pas attentifs ou qui se comportent de façon impulsive ou agressive

---

5. Étude menée par Nicole Chevalier, de l'Université du Québec à Montréal, et citée par l'Association québécoise des troubles de l'apprentissage lors du congrès annuel de 2003.

se font remarquer très rapidement. Ces petits se montrent facilement distraits, ils s'engagent dans des activités qui n'ont souvent rien à voir avec ce qu'on leur a demandé de faire. Ils ont parfois tendance à faire les bouffons pour détourner ou attirer l'attention des autres. Ils ont du mal à attendre leur tour, à suivre les règles, à être perdants à un jeu et à se montrer empathiques envers les autres. Leurs devoirs sont truffés d'erreurs, désorganisés et malpropres. Les échecs scolaires s'accumulent, et c'est à ce moment que l'on remarque une baisse importante de l'estime de soi.

Dans une proportion tout de même importante, les adolescents qui souffrent du TDAH tendent à se montrer plus calmes, du moins de l'extérieur. Certains d'entre eux peuvent demeurer impulsifs et nerveux. Le trouble de l'attention persiste toutefois dans la grande majorité des cas. Les problèmes comportementaux sont souvent associés au respect des règlements. Aussi, le respect envers l'autorité est habituellement problématique pour ces jeunes. Évidemment, les difficultés d'apprentissage représentent un problème majeur pour l'adolescent ainsi que pour les adultes qui l'entourent. De nouveau, on remarque de l'instabilité émotionnelle, des relations sociales difficiles, une faible estime de soi et un manque de motivation. Avec l'âge, ces jeunes ont tendance à prendre des risques et à mettre leur vie en danger. On remarque à cet effet qu'ils sont plus souvent impliqués dans des accidents de la route. Ils adoptent des conduites impulsives et font souvent des erreurs de jugement. Cela est dû, en partie, à une diminution de l'autorité et de la supervision parentales.

Une fois rendus à l'âge adulte, les sujets qui ont souffert du trouble déficitaire de l'attention peuvent en ressentir encore les effets. Cela se manifeste, entre autres, par le manque d'organisation, les oublis, les pertes d'objets. Ils ont souvent énormément de difficulté à traiter plusieurs tâches simultanément, à garder un emploi ou simplement à persévérer dans un projet. L'hyperactivité se présente sous forme de nervosité et de tension omniprésentes. Ces personnes conservent leur nature impulsive et peuvent s'engager dans plusieurs projets à la fois, sans en terminer un seul. Chez les sujets qui présentent des problèmes de comorbidité, on constate un taux de criminalité plus élevé. Ils commettent des actes antisociaux et sont alors sujets aux arrestations.

Nous pouvons tout de même nous réjouir, car malgré le fait que le problème persiste au-delà de l'enfance, pour la moitié des individus qui présentent un trouble déficitaire de l'attention en bas âge, les choses évoluent de façon positive à l'âge adulte. Bien entendu, la comorbidité augmente le facteur de risques. Selon certaines études, ce qui influence le plus l'évolution de ce dysfonctionnement au cours de la vie du sujet est souvent le statut socioéconomique de la famille.

QU'EST-CE QUE L'ATTENTION ?

Lorsque le psychologue de l'école ou encore le professeur affirme que votre enfant souffre du trouble déficitaire de l'attention, vous avez le droit de poser des questions. Dans le cadre de cet exercice, nous nous permettons ici de démystifier un peu ce en quoi consiste cette faculté intellectuelle que l'on nomme « attention ». Saviez-vous qu'il existe plusieurs types d'attention ? En effet, les recherches du Dr Barkley, une sommité aux États-Unis en matière de troubles d'attention, ont démontré que la faculté de porter attention est un phénomène complexe. Seules les grandes lignes seront toutefois décrites ici, avec une simplification du jargon scientifique pour faciliter la lecture. Avant de définir plus en détail ce en quoi consiste l'attention, il convient de tenir compte de ce qu'on appelle le « potentiel intellectuel ». Cette notion réfère aux capacités intrinsèques de l'individu à traiter et à gérer l'information. Ainsi, un enfant qui présente un retard ou une incapacité intellectuels aura les sens moins éveillés qu'un autre qui serait considéré normal. Nous pouvons aussi affirmer que tous les processus d'attention réagissent autant aux facteurs externes (intensité de la stimulation et des stimuli en général) qu'aux facteurs internes (capacité du sujet à adopter des stratégies adéquates pour traiter l'information).

L'éveil

L'éveil constitue la période de prédisposition à l'attention, soit la disponibilité du sujet à recevoir et à analyser de l'information. En fait, c'est tout simplement l'inverse du sommeil. L'ouverture des sens nous permet d'être attentifs. Évidemment, l'éveil est nécessaire pour que tout autre mode d'attention soit fonctionnel.

L'attention sélective

Précisons que nous avons tous un centre d'attention, ce qui signifie que nous accordons plus d'importance à certains stimuli qui proviennent de notre environnement. Ainsi, le processus d'attention sélective se permet d'effectuer une sélection, consciente ou non, et de retenir ce qui lui semble prioritaire. De plus, les sens se referment pour ne laisser place qu'à ces informations de premier ordre. Il pourrait s'agit d'un élève qui est attentif à l'exposé du professeur au tableau et qui ignore le bavardage de ses camarades de classe. Nous pourrions donc affirmer que son cerveau a fait un tri entre les différentes stimulations externes disponibles.

L'attention soutenue

L'attention soutenue est intimement liée à l'attention sélective. Une fois que le stimulus a déclenché le processus chez le sujet, il fera l'objet d'une attention soutenue pendant une période de temps variable, qui peut aller jusqu'à une trentaine de minutes. On se doute bien que chez les enfants atteints du trouble déficitaire de l'attention, ce processus est déréglé. Le but de l'attention soutenue est d'abord et avant tout de permettre à l'enfant de persévérer dans une tâche. Malgré les distractions potentielles, le jeune devrait être en mesure d'avoir une attention soutenue et d'effectuer une tâche jusqu'à ce que cette dernière soit complétée.

L'attention partagée

Ce processus fait partie des capacités évoluées du cerveau humain. En effet, l'attention partagée permet de répartir l'attention entre plusieurs stimuli. Elle sera notamment nécessaire lors de séances de cours pour prendre des notes. Ainsi, elle permettra à la fois d'écouter le professeur et de noter ses explications. Le succès de ce processus est assuré par le fait qu'une des deux tâches est exécutée de façon presque automatique. Les jeunes enfants du primaire n'ont pas encore les ressources intellectuelles nécessaires pour exercer cette faculté. En outre, l'écriture leur demande encore trop d'attention pour qu'ils arrivent à écouter en même temps.

La vigilance

La vigilance ne doit pas être confondue avec le phénomène de la distraction. Il s'agit d'un processus volontaire qui témoigne d'une capacité à reconnaître un stimulus alors que le cerveau est occupé à exécuter une tâche. Même si l'attention est ailleurs, un certain éveil envers les signaux externes peut se produire. De cette manière, un enfant qui s'amuse dans la cour d'école entendra la cloche qui signale le retour en classe. Dans le cas des enfants souffrant du trouble de l'attention, il peut être question d'hypervigilance.

La plasticité

La plasticité détermine la capacité de changer de mode d'activité. Cette adaptation au changement permet d'arrêter une tâche en cours de réalisation pour en commencer une autre. Certains enfants ont un déficit sur le plan de la plasticité. Cette difficulté se manifeste de bien des façons, mais il est évident que le changement peut causer énormément de stress à ces enfants.

Problèmes d'attention

Nous délaissons ici les aspects qui font référence aux capacités de l'enfant pour considérer plutôt les déficits. Lorsqu'un enfant a de la difficulté à se concentrer pour exécuter une tâche, deux formes de distraction peuvent être à l'origine : la distraction interne et la distraction externe.

La première est souvent associée aux enfants qui sont lunatiques. Consciemment ou non, les petits se laissent emporter par des pensées et par leur imagination. Cet état peut être causé par des inquiétudes ou des appréhensions, ou encore par des désirs. Quoi qu'il en soit, cette distraction empêche le sujet de se concentrer sur la tâche en cours et constitue une difficulté à maintenir son attention.

Le second type de distraction représente les événements externes qui distraient l'enfant. Cet état d'hypervigilance est remarquable chez les jeunes souffrant du trouble déficitaire de l'attention. Ils se retournent au moindre bruit ambiant : un camarade qui passe un commentaire, un crayon qui tombe par terre, une personne qui passe dans le corridor.

COMORBIDITÉ

Parmi les objectifs poursuivis dans la rédaction de cet ouvrage se trouve la démystification par la vulgarisation. Lorsque nous nous intéressons de plus près à toutes les questions entourant le TDAH, le Ritalin, les enfants et autres sujets connexes, nous sommes vite envahis par le jargon scientifique, surtout celui de la médecine et de la pharmacologie. Le trouble déficitaire de l'attention avec hyperactivité est souvent associé à d'autres problèmes ou maladies, un phénomène appelé la « comorbidité ». Ces affections médicales sont fréquentes chez l'enfant qui présente différents symptômes du TDAH :

- trouble oppositionnel avec provocation ;
- trouble comportemental ;
- trouble d'anxiété ;
- trouble de l'humeur ;
- trouble d'apprentissage ;
- autres troubles (y compris le syndrome de Gilles de la Tourette, la déficience intellectuelle et le trouble de la personnalité fragile).

Le trouble oppositionnel avec provocation

En ce qui concerne le trouble oppositionnel, un aspect très important doit être abordé ici. L'exemple de Marie-Claude et de son petit Félix, présenté plus tôt dans ce livre, semble tout à fait pertinent. Non pas à cause de ce type de trouble en particulier, mais plutôt en ce qui a trait à l'autorité parentale. Ce type de problème ébranle directement la façon dont le parent compose avec le comportement de l'enfant. À moins que ce ne soit l'inverse ? L'opposition consiste donc à refuser l'autorité du parent ou du professeur, en plus de chercher à combler un besoin important de prise de pouvoir. Ces enfants manifestent une sensibilité extrême envers les situations instables, le manque de sécurité et le manque de cohérence dans le style de gestion des parents.

Pour ces enfants, la thérapie comportementale est tout indiquée (voir troisième partie). Elle vise essentiellement à rétablir l'autorité parentale et à imposer au jeune des limites claires et précises, en plus de lui redonner un cadre plus sécurisant sur le plan psychosocial. Un enfant qui souffre à ce point d'insécurité doit pouvoir compter sur une certaine prévisibilité de la part de l'autorité. Il lui faut savoir à quoi s'attendre, connaître les règles et avoir été informé des conséquences qui lui seront imposées s'il transgresse ces règles. L'enfant apprend alors à reconnaître ses comportements indésirables et à les corriger avec l'aide de la thérapie comportementale. Toutefois, ce sont d'abord les parents qui doivent être éduqués convenablement. Le travail débute à la maison, car le père et la mère ne peuvent rejeter la responsabilité sur les éducateurs et les professeurs, comme dans l'exemple de Marie-Claude. Des interventions ponctuelles et régulières sont nécessaires pour observer une amélioration appréciable.

Le trouble comportemental et l'agressivité

L'agressivité cache habituellement un autre dysfonctionnement, parfois plus grave que ne le serait le TDAH. Si les antécédents familiaux s'y prêtent, certains enfants peuvent présenter des symptômes de bipolarité (maniaco-dépression). Le parent qui remarque des signes associés devrait consulter un spécialiste sans tarder. Les sujets qui souffrent de cette affection mentale font parfois des crises de rage suivies d'une période dépressive repentante. On y associe également une plus forte probabilité de psychose (délire, mégalomanie, toute-puissance, etc.). Si l'on soupçonne une telle condition chez l'enfant, il faut savoir qu'il existe des traitements pharmacologiques efficaces pour traiter ce genre de problème. La bipolarité et les affections de l'humeur ne sont jamais ă prendre à la légère. L'agressivité excessive peut aussi être associée à un trouble envahissant du comportement. Les principaux symptômes sont le retard dans le développement du langage, les difficultés d'adaptation sur le plan des relations interpersonnelles ainsi que des préoccupations excessives et inhabituelles pour certains centres d'intérêt. Chose certaine, lorsqu'un enfant manifeste l'un de ces problèmes, en plus de présenter des difficultés d'attention, cela requiert l'intervention de spécialistes. Le diagnostic est parfois difficile à poser et il peut même être ardu d'établir la priorité du traitement dans de pareils cas.

Les troubles de comportement sont définis par une violation des conventions et des règles sociales. En fait, l'enfant est incapable de maîtriser son impulsivité. Comme c'est le cas pour le trouble oppositionnel, la thérapie comportementale peut aider à améliorer cette condition. Mais un cadre rigide ainsi qu'une approche structurante et rigoureuse sont des éléments essentiels à la réussite de l'intervention. Les enfants qui souffrent de troubles de comportement ont souvent tendance à chercher la présence de semblables. Il est donc nécessaire d'opter pour des stratégies qui favorisent des relations positives avec les pairs ainsi que des sentiments humains bienveillants, tels que l'empathie et la compassion. Les parents d'un enfant qui souffre de problèmes de comorbidité devraient toujours envisager l'approche pharmacologique, que ce soit des psychostimulants ou d'autres médicaments. Il faut d'abord améliorer la condition reliée au problème du déficit de l'attention. Par la suite, il est souhaitable de privilégier un traitement associé à la médication, la thérapie comportementale, entre autres.

En ce qui concerne les autres troubles de comportement, certains enfants manifestent le trouble du contrôle des impulsions, ou le trouble explosif intermittent (TEI). Il s'agit d'une explosion de colère et de rage pouvant conduire le jeune à la destruction et même à des voies de fait graves. Les épisodes peuvent être fréquents et imprévisibles. L'enfant manifeste un besoin irrépressible de briser, de lancer ou de frapper des objets. Par la suite, il ressent un sentiment de plaisir et de soulagement. Il est possible qu'il éprouve de la culpabilité et des remords. Souvent, l'enfant oublie ce qui vient de se passer. Il est épuisé et affirme son impuissance et son incapacité à déterminer l'élément déclencheur de cette crise. Toutefois, ce comportement n'a absolument rien à voir avec l'élément déclencheur. Aussi, l'acte est totalement démesuré. Certains facteurs peuvent provoquer ces crises de rage, comme la faim, le manque de sommeil et l'anxiété.

Ces enfants sont généralement agréables, attachants, créatifs, travaillants et intelligents, même s'ils sont irritables et tolèrent mal la frustration et l'opposition. Selon une hypothèse, ces enfants auraient une hypersensibilité à certains stimuli qui provoqueraient une réaction physiologique démesurée.

Les parents des enfants qui manifestent de tels troubles de comportement doivent à tout prix consulter un psychologue ou un pédopsychiatre. Il est extrêmement difficile d'intervenir auprès de ces enfants, même pour des adultes équilibrés et compétents. Les symptômes entraînent une perturbation importante du milieu scolaire et familial. Le jeune se retrouve dans un cercle infernal qui se répète continuellement — la perte de contrôle inquiète l'entourage, les relations sociales se détériorent, le sentiment d'incompétence réduit l'estime de soi, tandis que le comportement entraîne des mesures disciplinaires qui engendrent à leur tour une perte de contrôle. L'enfant est vulnérable sur toute la ligne.

Pour traiter ce problème, les spécialistes recommandent normalement une approche multimodale, c'est-à-dire un traitement pharmacologique combiné à une psychothérapie. La thérapie cognitive ou comportementale (voir troisième partie) est tout indiquée pour ce genre d'affection. On suppose que si l'enfant améliore son estime de soi, sa vulnérabilité diminuera et ses habiletés d'autocontrôle deviendront meilleures.

Le trouble de l'anxiété

Sans vouloir faire un vilain jeu de mots, nous nageons ici, encore une fois, en eaux troubles. L'anxiété peut se manifester sous plusieurs formes. Puisque les troubles anxieux découlent souvent du TDAH, le phénomène de comorbidité doit être sérieusement considéré. Chose certaine, si un enfant souffre d'anxiété, le Ritalin ne lui sera pas d'un grand secours. Pire encore : le médicament ne fera qu'exacerber les symptômes. Il s'agit ici d'une pseudo-émotion et non d'une émotion pure. Elle se manifeste pour camoufler un état affectif trop difficile à vivre. L'enfant est triste, en colère, il vit un bouleversement extrême qu'il a du mal à assumer. Soulignons que l'anxiété est parfois d'origine génétique. En effet, il y a des gens qui ont une nature anxieuse. Certains diront « un fond anxieux ». Cette fois, il faut explorer d'emblée les facteurs environnementaux dans la vie du jeune qui manifeste de l'anxiété à l'école et, certainement, à la maison également. Quelle est sa situation familiale actuelle ? Les parents sont-ils unis, présents, attentionnés ? L'enfant vit-il un deuil important ? Quels sont les facteurs de stress avec lesquels il doit composer au quotidien ?

Il est normal pour l'être humain d'être préoccupé quand certaines situations sont plus difficiles à vivre. En revanche, quand l'anxiété ou l'angoisse prend trop de place, l'individu se sent affligé par cette manifestation qui peut même devenir paralysante. Nous ne nous attarderons pas aux facteurs émotifs, car cet exercice dépasserait largement notre actuelle prétention. Précisons toute-fois certains éléments qui ont trait aux émotions quand il s'agit d'anxiété et d'angoisse.

Tout d'abord, l'expérience émotive ou l'émotion pure est porteuse d'information. En effet, il s'agit d'une réaction physio-logique qui renseigne le sujet concernant un besoin précis. Par exemple, la peur informe la personne qu'elle doit réagir plus ou moins rapidement par rapport à une menace. En revanche, l'an-goisse et l'anxiété servent non pas à transmettre une information, mais plutôt à déclencher un signal d'alarme. Pour leur part, les adultes ont tendance à croire que c'est précisément l'angoisse qui est à l'origine du problème. Mais en réalité, cette réaction physio-logique saine sous-entend autre chose, une autre expérience émotive au cœur d'un conflit psychique. Par ailleurs, on pourrait dire que l'anxiété est une forme de peur, puisque ses manifesta-tions provoquent d'autres symptômes : sudation excessive, nœud dans l'estomac, pression au thorax, etc. Quant à l'angoisse, ses sensations sont pratiquement les mêmes, mais amplifiées. Chose certaine, les deux états sont très inconfortables pour le sujet. L'adulte plus susceptible de vivre ce genre d'expérience a générale-ment appris à repousser et à fuir ses problèmes et sa vie inté-rieure. En effet, le signal d'alarme que déclenchent l'anxiété et l'angoisse indique que nous ignorons ou tentons d'ignorer un problème inhérent à une émotion criante. Il faut alors éviter absolument de ressentir l'anxiété ou l'angoisse ou tenter de la chasser. C'est plutôt en se servant de cet état que nous parvenons à la source du problème pour ensuite le régler et obtenir le bien-être recherché. En ce qui concerne l'enfant angoissé, il est fort possible que son apprentissage ressemble étrangement à l'enseignement de ses parents. Ainsi, il aura appris à étouffer ses émotions, à ne pas exprimer ses joies, ses peines, ses peurs, sa surprise, sa honte. En camouflant les réactions physiologiques qui le renseignent sur les facteurs qui sont importants pour lui, l'enfant développera toutes sortes de mécanismes qui le mèneront principalement vers la fuite et l'évitement. Gardons à l'esprit que la nature même de la psyché humaine demande à ce que toutes les expériences émotives soient entendues. C'est donc dire que si une émotion trop vive est repoussée, elle resurgira ultérieurement. Nous pouvons nommer ceci le « ressenti incomplet ». Le vécu resté en suspens nuira à la recherche d'harmonie et d'équilibre de l'organisme. Ainsi, la première expérience s'apparentant à l'expérience initiale fera de nouveau émerger l'émotion. Plus l'intensité de l'angoisse est grande, plus on a repoussé la source émotive.

Il est difficile d'intervenir auprès des enfants qui éprouvent de l'angoisse ou de l'anxiété. Quand il s'agit d'un adulte, le thérapeute humaniste pourra guider le patient vers un ressenti plus riche et plus complet en lui faisant prendre conscience de son expérience émotive. Ce cheminement, qui vise à valoriser la vie intérieure de l'individu, demande une bonne dose d'introspection, de maturité et de courage. En revanche, si l'enfant n'a pas appris, dès son plus jeune âge, à exprimer ce qu'il ressent, la tâche s'avère plus ardue. La thérapie comportementale est probablement l'outil le plus utilisé dans le cadre d'un processus thérapeutique avec un jeune. Qu'en est-il toutefois de son efficacité pour résoudre des problèmes d'angoisse et d'anxiété, en si bas âge? L'anxiété et l'angoisse sont donc une réaction normale de l'organisme qui vise à déclencher un signal d'alarme. Le message est clair : « Occupe-toi de ton problème ! » C'est comme si l'angoisse devenait une sorte de contrôle qui prend le dessus sur l'émotion pure. Or, la thérapie comportementale vise essentiellement à apprendre au patient à contenir ses réactions, son comportement, à prendre conscience de ce qui se passe et à apporter les changements qui s'imposent. Vouloir dompter l'angoisse revient à tenter d'exercer un contrôle sur un contrôle. Cela n'a aucun sens. Au mieux, on arrive à « maîtriser » les crises et à calmer temporairement ces états affectifs douloureux. Mais le problème demeure entier. L'angoisse reviendra tant et aussi longtemps que le sujet ne laissera pas place à ce qui émerge de l'intérieur et qui cherche une forme d'expression.

Le refus scolaire anxieux est un trouble qui toucherait beaucoup d'enfants. Les statistiques parlent d'environ 10 % de la population scolaire[6]. Son nom le définit bien, puisqu'il s'agit de l'état d'un enfant qui refuse de se rendre à l'école en manifestant une peur irrationnelle. S'il est forcé, le jeune ressentira une anxiété très vive, parfois même paralysante. Elle peut survenir lors du départ le matin, ou même à tout moment lorsque l'enfant appréhende les événements de sa journée. Le refus scolaire ne représente pas un diagnostic en lui-même, il s'agit plutôt d'un symptôme qui cache un problème plus complexe. L'enfant peut manifester le refus en raison d'une phobie (sociale ou autre, anxiété de performance) qui sera motivée par ses propres pensées. Ainsi, ces petits ont souvent des idées négatives et une faible estime d'eux-mêmes. En revanche, l'angoisse de séparation peut aussi être à l'origine de ce trouble anxieux. Dans ce cas, ce sont des facteurs environnementaux qui causent l'angoisse.

---

6. Cité lors d'une conférence de la pédopsychiatre Johanne Renaud pour les Instituts de recherche en santé du Canada et pour le Centre hospitalier mère–enfant Sainte-Justine en 2006.

L'angoisse de séparation

Voyons d'un peu plus près en quoi consiste l'angoisse de séparation. Un enfant qui en souffre manifestera une peur irréaliste et
persistante d'être séparé des personnes auxquelles il est attaché.
Par «peur irréaliste», nous entendons une émotion qui ne renseigne pas adéquatement l'enfant. Si un ours pénètre dans le chalet
alors que vous êtes à table en train de déguster votre repas, une
réaction d'urgence — la peur — vous indiquera que vous devez
quitter les lieux rapidement. Il s'agit d'une émotion qui vous
donne une information fort utile dans les circonstances. Mais la
peur que ressent l'enfant à l'idée que ses parents (surtout la mère)
le laissent seul et ne reviennent jamais n'est pas fondée sur une
situation réelle. Ainsi, le petit craint qu'une catastrophe se pro-
duise et qu'elle le sépare de ses proches ; il évite alors de rester seul
à la maison ou encore refuse d'aller à l'école pour ne pas s'éloigner
de son objet sécurisant. Il se peut aussi que l'enfant fasse des
cauchemars répétés et envahissants, basés sur des thèmes de
séparation. Plusieurs sujets présenteront également des symptômes physiques : maux de tête, maux d'estomac, insomnie,
nausée, vomissements. Ils surviennent les jours d'école ou encore
lors de l'appréhension d'une séparation. On connaît également à
quel point l'angoisse de la nuit peut affliger ces petits qui refusent
d'aller dormir, sauf si le parent les accompagne. Un problème
d'angoisse de séparation doit être résolu très tôt dans la vie d'un
enfant. Vers six ou sept mois, le bébé commence à développer
certaines compétences relatives à cet enjeu. D'abord, il apprend à
comparer, à distinguer. Ainsi, il pourra déterminer si les signes
plus apaisants représentent un danger et sera ensuite en mesure
de percevoir et de différencier les réactions émotives. Finalement,
le bébé, entre six et dix mois, ressentira une stabilité et une confiance qui lui permettront de partir à la découverte du monde en

sachant que les personnes auxquelles il est attaché seront là pour lui. Cette étape cruciale dans la conquête de l'autonomie de l'enfant se nomme « l'angoisse de séparation du développement ». Quand un état d'angoisse de séparation se développe, l'enfant paraît capricieux, colérique, il suit sa mère comme son ombre et ne la laisse pas d'une semelle. Ce trouble peut être réparti en trois volets : la détresse, les pensées morbides et la nostalgie.

Le refus scolaire anxieux est intimement lié à l'angoisse de séparation. Les mamans seront peut-être un peu écorchées au passage, puisque ce genre de trouble renvoie toujours au rapport de l'enfant avec sa mère. En psychologie sociale, les relations d'attachement ont fait l'objet d'études approfondies dont il est clairement ressorti que le comportement de la mère, voire ses états d'âme, modulent le développement relationnel de l'enfant. Dans les cas d'angoisse de séparation, et plus tard de trouble anxieux généralisé (qui apparaît généralement à l'adolescence), on décrit la mère comme étant hyperprotectrice, inaffective (donne peu ou pas d'affection, n'exprime pas ses émotions), souvent anxieuse elle-même ou encore dépressive. Ces enfants sont aussi parfois la cible de leur mère. À titre d'exemple, pensons à une maman qui demande à sa fille de venir dormir avec elle parce qu'elle-même souffre d'insécurité. La petite devient alors un objet transitionnel pour la mère, qui s'en sert pour apaiser son angoisse. Évidemment, ce comportement n'est pas délibéré, mais les effets sont pernicieux et leurs conséquences graves.

Le trouble de l'humeur

Chez l'enfant, la dépression est plus difficile à diagnostiquer. Cette affection est bien sûr plus rare que chez l'adulte, mais les symptômes sont aussi plus ambigus. Toutefois, le trouble de l'attention peut également se révéler un simple effet de la dépression, et l'enfant devra alors être traité en conséquence. Ainsi, un sujet souffrant de dépression peut présenter des problèmes de mémoire à court terme, une attention déficiente et des problèmes d'irritabilité. Un enfant ou un adolescent déprimé qui se présente chez le médecin avec ses parents donnera du fil à retordre au professionnel de la santé. Si le diagnostic pose problème, le traitement aussi. Comme il en a été question dans la première partie du livre, les antidépresseurs ne constituent pas une option de premier choix pour les jeunes de moins de 18 ans. L'efficacité du médicament n'a pas été prouvée et les médecins craignent des effets indésirables. On a peine à imaginer des enfants dépressifs, tant la joie, la spontanéité et le goût d'apprendre les habitent généralement. En revanche, selon une étude réalisée en France en 1998, trois enfants d'âge préscolaire sur mille souffrent de dépression. Les principaux symptômes sont les suivants :

- tristesse continuelle ;
- pessimisme devant la vie ;
- faible estime de soi ;
- mépris de soi ;
- troubles d'anxiété ;
- insomnie ;
- problèmes physiques ;
- manque d'énergie dans les activités quotidiennes ;
- agressivité et provocation ;
- troubles de la vessie et des intestins.

Les enfants pleurent pour manifester leur insatisfaction d'un besoin fondamental. Le parent doit prendre garde et éviter de croire que l'humeur de l'enfant se rétablira si l'on tente de le distraire. Dans le cas où un enfant présente plusieurs des symptômes décrits précédemment (en noter au moins cinq durant une période minimale de deux semaines), il faut consulter un médecin rapidement. Les émotions difficiles ne disparaissent pas d'elles-mêmes. Souvent, ces jeunes n'expriment pas ce qu'ils ressentent. Ils sont incapables de décrire la confusion et le malaise qui les habitent.

Malheureusement pour les professionnels de la santé et pour les parents, les signes que présente l'enfant dépressif peuvent s'apparenter à d'autres pathologies, ce qui rend le diagnostic passablement délicat. En raison de la nature des symptômes, un médecin pourrait établir un diagnostic du trouble déficitaire de l'attention chez un sujet qui, en réalité, souffre de dépression.

Le trouble d'apprentissage

Nous définirons dans un premier temps l'expression «trouble d'apprentissage». Ensuite, nous envisagerons l'apprentissage dans une perspective plus globale. Tous les parents qui doutent à l'heure actuelle doivent cependant être rassurés : ce trouble ne concerne pas l'intelligence de l'enfant, il s'agit plutôt d'une carence dans le traitement de l'information — le cerveau éprouve des difficultés à absorber, à entreposer et à récupérer de l'information. Les principales facultés touchées par un trouble d'apprentissage sont les suivantes : l'attention, la mémoire, le raisonnement, la coordination, la communication, la lecture, l'écriture, l'orthographe, la capacité de calculer, la sociabilité et la maturité affective.

Parmi les signes et les symptômes, celui de l'hyperactivité est probablement le plus connu. Mais il y en a d'autres. L'enfant peut présenter des problèmes de dextérité qui l'empêchent de tracer ses lettres et ses chiffres convenablement. Il peut aussi avoir de la difficulté à attraper ou à lancer une balle. Certains enfants ont des problèmes d'humeur : ils changent brusquement d'un état à un autre et manifestent de la frustration et du découragement.

D'autres mélangent les mots, sans nécessairement souffrir de dyslexie, et ils éprouvent de la difficulté à les retenir. Un autre symptôme concerne les concepts et leur contraire : gauche et droite, petit et gros, haut et bas. Des enfants auront de la difficulté à penser de façon logique. Ils tirent rapidement des conclusions et sont très désorganisés. On note aussi des problèmes concernant les repères spatio-temporels. Le petit pourrait alors avoir du mal à se retrouver dans un espace donné ou même à situer son propre corps par rapport à l'environnement dans lequel il se trouve.

D'autres signes s'apparentent aux troubles d'apprentissage. Mais tous les enfants ne présentent pas nécessairement ces symptômes. Une rencontre, dans le cadre de cette rédaction, avec une petite fille et sa mère a été déterminante à ce sujet. À cinq ans, la fillette souffrait de plusieurs symptômes dont la provenance s'est rapidement confirmée. En effet, sa mère l'avait adoptée alors qu'elle était âgée de 28 mois. Elle était Haïtienne d'origine et avait été abandonnée très tôt par ses parents biologiques. Par le fait d'errer d'orphelinats en centres d'accueil, les carences affectives, la malnutrition et le manque de soins avaient sérieusement hypothéqué son développement. À son arrivée au Québec, la petite ne parlait pas encore et était rachitique (elle ne pesait que dix kilos). Elle a commencé à présenter divers problèmes de santé et a même dû subir une intervention chirurgicale pour stimuler son système immunitaire. Encore aujourd'hui, elle souffre d'incontinence assez sévère.

Cette enfant apparaissait toutefois joyeuse et pleine d'énergie. Elle affichait un sourire magnifique, mais dans son regard, une blessure profonde pouvait se lire, une sorte de mélancolie presque inconsolable. Étant donné qu'elle n'avait pas encore commencé l'école, il n'était pas possible d'évaluer ses capacités d'apprentissage. Et, de toutes façons, pourquoi anticiper le pire ? La mère était cependant tout à fait consciente que les carences affectives et les retards de développement que sa fille avait subis allaient avoir des conséquences certaines sur ses capacités d'apprentissage.

En ce qui concerne ses besoins affectifs, cette enfant n'avait aucune raison de faire confiance à qui que ce soit, pas même à ses parents adoptifs. Elle a été abandonnée, bafouée, mal nourrie, mal logée et, surtout, mal aimée durant 28 mois. Le peu d'évolution dont elle a fait preuve en arrivant dans sa famille adoptive témoigne de ses carences. En fait, la petite risque fort de faire face à des troubles d'apprentissage. Déjà, à cinq ans, elle a de la difficulté à rester en place. Sa capacité d'élocution n'est pas non plus ce qu'elle devrait être pour une fillette de son âge. Elle ne prononce pas bien ses mots et n'exprime pas toujours ses idées de façon claire. Elle manifeste également un problème d'attention au quotidien, malgré le fait qu'elle ne fréquente pas encore l'école. Cette petite n'est pas la première ni la dernière à avoir subi un traumatisme grave dont les dommages s'avèrent extrêmement difficiles à réparer. Ses besoins fondamentaux n'ont pas été comblés, que ce soit sur le plan physique ou psychoaffectif. Malgré tout l'amour que cette mère adoptive éprouve pour sa fille, la prise en charge de cette enfant représente un combat de tous les instants.

L'ENFANT ET SES BESOINS

Oui, les parents sont en détresse. Pourquoi? Comme nous le verrons un peu plus loin, le rôle parental a subi de profondes transformations au cours des 25 dernières années. Qu'ils soient unis ou séparés, le père et la mère de l'enfant d'aujourd'hui se heurtent à un mouvement social, amorcé durant les années 1970, où l'amour a pris le dessus sur l'éducation. Malheureusement, ce changement a provoqué une confusion qui, pour bon nombre d'adultes, alimente plusieurs préjugés et nuit à la « construction »

de l'enfant. Pour bien des parents, la « prise en charge du jeune »
se termine quand il a atteint l'âge de 12 ans. Conséquemment, il
est facile d'imaginer qu'avec une telle conception de l'enfance et
de la maturité, ces enfants ont dû manquer terriblement de présence et de générosité parentales durant les premières années de
vie. Aujourd'hui, les parents ingurgitent des antidépresseurs et les
enfants, du Ritalin ! Si la grande majorité des adultes ignorent ce
que signifie un besoin, il y a peu de chances qu'ils se préoccupent
des leurs. Puisque le parent doit assumer ses besoins, il doit savoir
les identifier, les reconnaître, il doit aussi trouver une façon de les
satisfaire. Les besoins humains se trouvent au centre de la grande
quête qui nous caractérise tous : la recherche d'harmonie. En ce
qui a trait à cette grande confusion qui est vécue, aujourd'hui,
relativement à notre propre vie intérieure, il faut avouer que bien
des parents, malgré l'information disponible et les programmes
de sensibilisation, sont encore bien mal outillés pour enseigner à
leur enfant l'art de l'épanouissement. C'est ainsi qu'un parent
confond ses besoins avec ceux de son enfant, et qu'il ne réussit
même pas à assumer sa propre identité d'un point de vue intros-
pectif. L'objectif poursuivi dans le cadre de cette partie est donc
d'actualiser les fondements psychologiques de la quête du bonheur chez l'humain. Cette étape essentielle est véritablement
importante pour l'enfant qui se construit, qui se transforme, qui
découvre le monde et forge son identité. Le jeune qui vit des
problèmes de comportement, d'apprentissage, d'estime de soi,
qui éprouve des difficultés relationnelles avec ses parents, avec
son professeur ou avec ses amis, est un enfant qui ne se connaît
pas bien. Parce que grandir, c'est d'abord se connaître avant
d'apprendre à connaître les autres. C'est être capable de nommer
son expérience émotive, de la reconnaître et de faire le lien avec
le besoin concerné.

La fameuse pyramide des besoins de Maslow a ouvert le chemin à l'approche thérapeutique dite «humaniste». Ce chercheur a disposé les besoins humains par ordre de priorité.

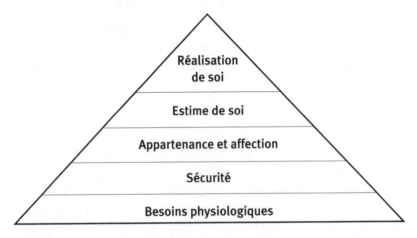

La pyramide illustre ce que doivent être nos préoccupations premières sur une base quotidienne. L'importance correspond à la largeur de l'espace alloué. Ainsi, en partant du bas de la structure, on remarque que les besoins primaires ou physiologiques sont une priorité pour tous. Cela va de soi. Si nous ne mangeons pas ou qu'il nous est impossible de trouver le sommeil, les autres étages de la pyramide s'en trouveront influencés. Examinons plus attentivement la définition des besoins chez l'enfant.

Besoins physiologiques

Évidemment considérés comme vitaux, ces besoins fourniront les infrastructures nécessaires à la croissance de l'enfant. Nous connaissons bien les effets dévastateurs de la malnutrition, qui entraîne une surcharge pondérale ou déstabilise la croissance. Les jeunes qui se présentent à l'école le matin le ventre vide ne peuvent espérer apprendre et se concentrer convenablement. La formation osseuse et la résistance du système immunitaire pour lutter contre les maladies dépendent également d'une bonne nutrition. Il ne faut pas négliger l'environnement dans lequel vit l'enfant. En effet, un logement humide, malsain, mal aéré peut entraîner le développement de maladies infantiles. Pour que leurs besoins physiologiques soient satisfaits, les enfants doivent donc bénéficier d'une alimentation saine, d'un sommeil récupérateur ainsi que d'un logement adéquat.

Besoins de sécurité

Aussi étonnant que cela puisse paraître, le besoin de sécurité vient avant celui de l'affection dans la hiérarchie pyramidale. Mais en y réfléchissant, cela va de soi : comment un enfant dont la sécurité n'est jamais assurée, dont les repères changent constamment ou encore qui ne peut compter sur des parents ou des tuteurs fiables peut-il évoluer ? Pire encore, supposons un enfant battu, maltraité, abusé. Le petit qui subit un tel sort n'aura pas la force de se développer et il luttera pour sa survie en développant des mécanismes de protection. Toute son énergie sera consacrée à ce combat ingrat et il négligera tout le reste. La sécurité est nécessaire pour assimiler cette paix intérieure, cette quiétude qui nous permet de partir à la découverte de soi et du reste du monde. Les jeunes dont le besoin de sécurité est comblé confient volontiers leurs rêves, leurs idéaux, leurs objectifs, leurs projets les plus fous. Ils croient en l'avenir et le voient avec optimisme. En revanche, l'enfant carencé, qui n'a pas accès à ce réconfort et à cette chaleur qui lui permettent de bâtir sa sécurité intérieure, se retirera dans la passivité et dans l'angoisse, ou encore détruira tout sur son passage en s'abandonnant lui-même, provoquant par ricochet abandon et rejet de la part d'autrui. La violence doit être proscrite dans tous les milieux. Un petit qui la subit cesse de grandir, perd confiance en la vie, meurt à petit feu. La violence laisse des cicatrices profondes qui sont bien difficiles à réparer.

La sécurité à fournir à un enfant se résume principalement à l'encadrer et à le protéger. Ses parents doivent lui fournir un environnement stable ainsi que des repères prévisibles. La sécurité permet à un enfant de quitter la maison, ses parents ou sa classe en sachant qu'il peut revenir en toute quiétude, que les personnes sur qui il compte le plus (les parents ou les substituts) demeurent là, pour lui. Mais la sécurité implique aussi des règles. L'enfant qui vit dans l'absence de règles clairement définies souffre beaucoup d'insécurité. Sa marge de manœuvre devient floue, ses repères imprévisibles et ses bases déficientes. Pensons notamment à l'heure du coucher, aux permissions, aux heures de rentrée pour les repas, aux sanctions lorsque les règles ne sont pas respectées. Pour que l'enfant intériorise sa sécurité, il a besoin de compter sur un équilibre et sur une constance en ce qui concerne les permissions et les interdits.

Besoins affectifs

Les besoins affectifs sont aussi très importants dans la vie de l'enfant qui se développe. Ils lui permettent de satisfaire sa propension à établir des liens avec l'autre, de combler sa nature à vouloir entrer en relation. En 2006, il peut sembler absurde de penser qu'un enfant ne reçoive pas d'amour de la part de sa mère ou de son père ; ce malheur afflige pourtant trop d'enfants encore. L'humain a des besoins fondamentaux, comme aimer et être aimé, donner et recevoir de l'affection, pouvoir compter sur autrui et devenir une personne sur qui l'on peut compter. Le petit qui grandit a le besoin irréductible de sentir qu'il fait partie d'un clan, d'une famille. Il doit sentir qu'il a sa place et qu'il est aimé. Plus tard, son besoin d'appartenance devra aussi être comblé. Les enfants ont besoin de sentir qu'ils s'identifient à un groupe, qu'ils sont acceptés par leurs pairs avec leurs forces, leurs faiblesses et leurs différences. John Bowlby[7] a étudié ce qui a trait à l'attachement. Chez le jeune enfant, le lien se crée très tôt avec la mère. Cette relation d'attachement sera déterminante dans la construction d'une base affective permanente qui servira toute la vie durant. L'équilibre recherché dans l'attachement se situe entre le besoin de sécurité et le besoin d'autonomie ou d'indépendance.

Besoins d'estime de soi

Ce besoin est aussi fondamental dans la poursuite de notre quête d'harmonie. Évidemment, il prend sa source dans un sentiment de sécurité, d'affection et d'amour. Les personnes qui comptent le plus pour l'enfant — ses parents ou ses substituts — devront d'abord satisfaire aux besoins plus prioritaires de la pyramide avant que le petit puisse combler celui-ci. L'estime de soi correspond précisément à la valeur que l'on se donne en tant que personne, ainsi qu'à la façon dont on perçoit le jugement des autres sur soi-même. Rappelons que l'enfant ne vient pas au monde avec une perception de sa personne. La valeur qu'il s'accorde évolue au fur et à mesure qu'il développe sa relation avec autrui. L'enfant qui a une faible estime de soi se perçoit comme un individu qu'il ne vaut pas la peine de connaître, d'apprécier, à qui on ne devrait pas s'intéresser. Il croit constamment être de trop, il s'investit peu, joue un rôle effacé. Bien que cela puisse sembler extrême, nous pourrions envisager ce rapport comme une sorte de continuum dont une extrémité serait nommée « forte estime de soi » et l'autre,

---

7. Le psychologue John Bowlby est auteur de nombreux ouvrages et recherches. Il a édifié la pyramide des besoins et est l'un des instigateurs de l'orientation humaniste en psychologie.

« faible estime de soi ». Ainsi, l'enfant se situe quelque part entre les deux.

Il est essentiel d'avoir une bonne estime de soi pour accomplir son plein potentiel. En effet, l'image positive que l'on a de soi nous permet de réaliser nos projets. Nous avons aussi tendance à rechercher la présence de nos semblables, c'est-à-dire de personnes dont l'estime de soi se rapproche de la nôtre. Si celle-ci est élevée, nous pourrons nous entourer de personnes qui nous aideront à nous réaliser encore davantage. Mais si nous possédons une estime de soi plus faible, nous aurons tendance à tolérer des situations méprisantes et nous serons portés à nous enfoncer dans une vie qui ne correspond pas vraiment à notre potentiel et à nos aspirations. Chez les enfants qui souffrent du trouble déficitaire de l'attention, ce besoin d'estime de soi est rarement satisfait. Les échecs scolaires sont d'autant plus décourageants pour les jeunes qui les subissent, surtout de façon répétée. L'estime de soi se bâtit, mais heureusement, elle se rebâtit aussi. En faisant un certain travail sur soi, il est possible de rehausser notre valeur en tant qu'individu. Chez l'enfant, ce sont les personnes importantes de son entourage qui pourront l'aider à améliorer son estime.

Besoins d'accomplissement

L'accomplissement est synonyme de réussite. Accomplir une tâche ou un projet représente l'atteinte de son objectif. Pour y arriver et pour démarrer avec optimisme, l'estime de soi doit être présente. Soulignons donc ici, une fois de plus, l'importance de satisfaire ses besoins prioritaires avant de s'attarder de façon adéquate à combler ceux des autres. La création est source de vie ; l'humain a besoin de créer pour s'accomplir, pour être fier de sa réussite. Il n'est pas nécessaire que l'activité créatrice soit plus populaire que toutes les autres, qu'elle fasse la manchette ou soit inscrite dans le livre des records. Créer, c'est d'abord et avant tout penser autrement. Organiser un événement de groupe, dessiner, rénover une salle de bain, inventer une recette, mettre sur pied une équipe de football, planifier un voyage : créer. Les chercheurs qui se sont penchés sur la motivation se sont intéressés à ce besoin qui se trouve intimement lié à ce fameux élan qui nous donne l'énergie pour entreprendre des projets. L'accomplissement comprend aussi l'affirmation, le pouvoir, la fierté, l'affiliation, etc.

Les enfants qui souffrent du trouble déficitaire de l'attention ne réussissent pas à satisfaire leur besoin d'accomplissement. Par conséquent, les victoires se font rares pour eux. Le besoin d'estime de soi se trouve aussi atteint. Les échecs scolaires s'accumulent et deviennent une source d'angoisse. Gardons à l'esprit que ces enfants présentent très souvent une propension à l'activité créatrice. Ils sont agités, ils ont du mal à se concentrer, ils ont tendance à oublier les événements qui sont pourtant récents, mais leur sensibilité et leur imagination peuvent être mises à profit.

Les activités créatrices sont une source potentielle de satisfaction et peuvent permettre à l'enfant de combler son besoin d'accomplissement tout en lui donnant l'élan nécessaire pour se consacrer à d'autres activités qui sont susceptibles de lui demander de redoubler d'efforts. S'accomplir en tant qu'enfant, c'est aussi pouvoir exprimer ses rêves et compter sur ses parents pour les écouter. L'enfant, par des essais et des erreurs, se familiarise avec des techniques, des activités : il apprend la musique, la peinture, le sport, le jeu. Le besoin d'accomplissement exigera de la part du jeune qu'il apprenne aussi à se connaître en tant qu'individu autonome.

Nous respecterons ici la pyramide de base à cinq échelons de Maslow, bien que le modèle se soit raffiné quelque peu avec le temps et que d'autres besoins s'y soient greffés. Parmi ceux-ci, on notera le besoin de spiritualité. Une flamme anime même les très jeunes enfants et les pousse à découvrir avec leur esprit. Les tout-petits, par leur nature, s'intéressent constamment à la métaphy-sique — ils posent des questions pour essayer de comprendre le monde qui les entoure. Combien de fois une petite gamine peut-elle questionner son père à propos de sujets sur lesquels il ne lui serait pas venu à l'idée de la renseigner ? « Pourquoi les papas et les mamans ne vivent-ils pas ensemble ? Est-ce que je vais aller à la garderie toute ma vie ? Pourquoi avons-nous de la peine ? »

Un enfant qui réussit à satisfaire ses besoins de façon appré-ciable aura alors la chance d'entreprendre une vie remplie d'op-timisme, de projets et de réalisations passionnantes. Il est important de préciser la façon dont tous ces besoins interagissent entre eux et d'identifier cette dynamique complexe. Si nous con-sidérons les besoins fondamentaux dans leur ensemble, il faut comprendre que d'autres aspects déterminants de la vie de l'en-fant peuvent modifier la nécessité de les satisfaire. Par ailleurs, on pourrait nommer « facteur de soutien » l'élément qui influence les besoins et qui les relie entre eux dans un système dynamique. Ces besoins comprennent les notions de stabilité, de sécurité, d'identité et de santé.

Offrir un environnement stable à un enfant constitue l'une des assises qui lui donnent de l'assurance et des repères prévisibles. On peut, par exemple, avoir passé la totalité de sa jeunesse au même endroit, avoir fréquenté le même établissement d'études secondaires durant cinq ans, et s'être entouré du même groupe d'amis vivant dans le même quartier que nous tout ce temps. Cela donne des repères de base dans lesquels on met notre confiance.

En revanche, un enfant qui vit des déménagements fréquents, des changements d'école ou, pire encore, des changements de tuteurs, doit s'adapter à tous ces bouleversements. Cette instabi-

lité aura des conséquences sur son développement, qui sera inévitablement ralenti. La réaction de l'enfant en sera une de révolte,
d'une rare violence.

Le facteur de sécurité, quant à lui, fait référence aux règles de
conduite, à l'encadrement, au suivi et à la justice. Il est impératif
que l'enfant bénéficie d'une structure sécurisante qui respecte son
individualité et son autonomie ; autrement, il souffrira certainement d'insécurité. S'il ne se sent pas supervisé, s'il ne doit pas
respecter de règlements et s'il ne peut compter sur un encadrement adéquat, le jeune ne pourra développer ce sentiment de
sécurité intérieure si nécessaire à l'épanouissement de chacun.

À l'inverse, lorsque l'enfant est couvé, notamment par une
mère surprotectrice, ce facteur de soutien qu'est la sécurité intérieure ne pourra s'épanouir. Parce que, pour intérioriser ce sentiment de sécurité, le petit doit avoir la possibilité de s'émanciper,
tout en sachant qu'il peut revenir à son port d'attache sans
craindre de perdre ses repères en chemin. Quant à la justice, les
enfants y sont très sensibles. Ils réagissent violemment s'ils sont
victimes d'iniquité. En ce sens, un scénario classique échappe
souvent à la vigilance des parents, soit le petit frère qui commet
un acte répréhensible, mais c'est plutôt le grand frère qui subit la
punition.

Le facteur identitaire se développe si l'enfant a la possibilité
de participer à l'édification de son propre récit. Il veut savoir d'où
il vient ; il doit connaître son histoire et être en mesure de s'identifier à certains modèles. Bien entendu, les parents représentent
tout pour les enfants, d'où l'importance, à ce titre, de jouer notre
rôle de notre mieux. L'identité du jeune lui permet de se distinguer, c'est ce qui lui confère son aspect individuel. Bien sûr, cette
image est tributaire de la qualité de son estime de soi. L'identité
a beau se créer d'elle-même et faire référence au « moi » de la

personne, elle est également affiliée à l'appartenance et à l'association. Parce que l'on se reconnaît un peu dans les autres, l'enfant qui grandit se réfère à ses modèles et cela l'aide à se définir. Par contre, l'enfant qui vit beaucoup de changements, en particulier en ce qui concerne ses parents ou ses tuteurs — à l'instar du jeune qui va d'un centre d'accueil à un autre, d'une famille d'accueil à une autre, qui n'a ni port d'attache, ni histoire intéressante à raconter — ne pourra trouver l'expression de son identité, de ses forces, de ses lacunes, de son talent, de ses capacités. Les conséquences d'un facteur identitaire déficient sont multiples. De plus, les troubles de comportement chez les enfants sont très souvent tributaires d'une lacune sur le plan de l'identité.

En 2006, la santé des enfants peut sembler, à première vue, un facteur banal. Pourtant, la santé des enfants constitue une base importante pour assurer leur développement adéquat. Comme nous l'avons partiellement vu dans la pyramide des besoins, l'enfant doit être bien nourri, bien logé, lavé et soigné. Toutefois, nous avons cette tendance très occidentale à diviser le corps de l'esprit. Les Orientaux, eux, ont mieux compris l'existence d'une symbiose entre les deux dimensions de l'humain. Bien entendu, la santé commence par une bonne hygiène, une bonne alimentation, un environnement stable, la possibilité de faire de l'exercice, etc. Mais les enfants sont tout aussi capables que les adultes de somatiser[8]. Ainsi, un mal de ventre incessant peut signifier autre chose que de la constipation. L'enfant souffre peut-être d'angoisse, de violence familiale ou psychologique, ou il subit possiblement une forme d'agression à l'école. La santé des jeunes ne concerne pas uniquement leur corps. Elle est un besoin qui concerne l'en-

---

8. En psychologie, processus selon lequel un problème psychique est inconsciemment transféré sur le plan physique en créant une douleur.

semble de la personne et de ce qu'elle vit au quotidien. Nous avons souvent tendance à nous rabattre sur les médicaments, mais parfois, il vaut mieux interroger l'enfant afin d'en savoir un peu plus à son sujet.

LE DÉVELOPPEMENT ET L'APPRENTISSAGE

Le processus d'apprentissage est intimement relié à la satisfaction des besoins fondamentaux des enfants. Les jeunes grandiront selon la sécurité que leur procure leur environnement de vie, selon la force de leur estime de soi et selon l'aide que leur fournissent la famille et tous ceux qui s'occupent d'eux. Par conséquent, l'apprentissage est tributaire d'un fragile équilibre et d'une interaction entre les besoins de base et les facteurs de soutien aux besoins. Ce processus est aussi relié au besoin de compétence chez tous les êtres humains.

Finalement, la motivation sert de moteur pour faire fonctionner l'engrenage de l'apprentissage, dont la définition doit comporter quelques précisions en ce qui concerne les styles cognitifs. Il est important de réaliser que tous les enfants n'apprennent pas de la même façon. Il existe trois styles cognitifs distincts qui font en sorte que certains jeunes se servent davantage de leurs yeux, d'autres de leurs oreilles et d'autres de leur corps pour apprendre. Les trois principaux modes d'apprentissage sont : auditif, visuel et kinesthésique.

Les enfants qui souffrent du trouble déficitaire de l'attention se retrouvent normalement dans le troisième groupe. Il est important pour les parents de connaître le style cognitif de leur enfant. En sachant comment le jeune envisage le monde, le père ou la mère seront plus en mesure de l'aider à apprendre efficacement. Le parent aura aussi tout intérêt à connaître son propre style cognitif, parce qu'il s'y prendra souvent de cette manière pour instruire son enfant. Un mordu de football qui désire transmettre sa passion à son fils de huit ans en lui prodiguant des conseils de vive voix deviendra une source de frustration certaine pour le petit qui est visuel. Il préférerait, et de loin, un beau dessin expliquant la tactique du jeu.

En revanche, il faut comprendre que le fait d'être auditif, par exemple, ne signifie pas qu'on ne puisse suivre des explications visuelles. Nous avons tous un côté plus fort, comme la droite pour les droitiers, mais nous sommes en mesure d'apprendre de toutes les façons. Les enfants privilégieront leur style cognitif, cela va de soi, mais le parent aurait intérêt à l'encourager à développer tous ses sens afin qu'il apprenne de façon efficace. Cela peut se faire dans le cadre des loisirs en stimulant les points faibles.

Le malheur avec les enfants qui souffrent d'un déficit de l'attention, c'est justement qu'ils sont très rarement de style auditif ou visuel. Or, à l'école, on apprend en écoutant et en regardant le professeur donner des explications. Pour le petit qui est de type kinesthésique, le travail est alors plus ardu. Il a envie de bouger, de toucher, de lancer, de crier, de parler... Toutefois, on peut l'aider à s'exercer lors d'activités moins importantes. Un enfant visuel qui s'intéresse à la musique aura envie de lire les paroles d'une chanson, l'auditif écoutera le chanteur et le kinesthésique fera une petite danse. L'échec scolaire, pour l'enfant qui souffre du TDAH, contribue à rendre l'apprentissage plus pénible. Si nos premières expériences s'avèrent négatives en ce qui concerne notre style cognitif, nous devrons redoubler d'efforts pour apprendre de façon plus efficace. En revanche, lorsque les bases sont établies à partir d'un essai positif, la table est mise pour un apprentissage productif. Observez votre propre style cognitif, ou celui de votre enfant, en considérant les facteurs suivants :

L'auditif

- apprécie la discussion ;
- retient plus aisément ce qui est dit ;
- comprend plus facilement les explications données de vive voix ;
- éprouve une certaine difficulté avec les explications écrites ;
- tend à verbaliser son apprentissage, à en parler avec les autres ;
- répète pour se rappeler.

Le visuel

- se souvient des détails écrits ;
- apprécie la lecture ;
- se plaît dans l'écriture, se sert d'un crayon et de papier ;
- écrit en écoutant ;
- n'est pas à l'aise devant des explications données de vive voix ;
- préfère noter un numéro de téléphone pour se le rappeler.

Le kinesthésique

- n'aime pas l'inertie, préfère être actif ;
- cherche à mimer ce dont il est question ;
- bouge durant les explications ou quand l'autre parle ;
- aime toucher aux objets pour apprendre ;
- communique par le geste ;
- se souvient plus facilement s'il y a eu un geste pour représenter un fait.

Bien entendu, le très jeune enfant s'exprimera davantage selon un mode sensori-moteur. Son cerveau et ses sens sont à un stade de développement primaire. Plus il avance en âge, plus son style cognitif se précisera et plus vous serez en mesure d'évaluer dans quelle catégorie il se trouve.

LE TDAH, UNE MALADIE ?

Depuis environ un siècle, la communauté scientifique a changé à maintes reprises sa description du trouble de déficit de l'attention. Déjà, en 1902, un pédiatre britannique du nom de Georges Still, qui avait remarqué une agitation anormale chez certains enfants, parlait d'un « défaut de contrôle moral ». Puis, il a été question du « syndrome d'atteinte cérébrale », d'« atteinte cérébrale légère », de « réaction hyperkinétique », du « syndrome de l'enfant hyper-actif » (première mention, en 1968, dans le *Diagnostic and Statistical Manual of Mental Disorders*), de « trouble déficitaire de l'attention avec ou sans hyperactivité » suivi du « trouble d'hyper-activité avec déficit de l'attention » (THADA), et finalement, du « trouble de déficit de l'attention et hyperactivité », terme utilisé au Québec depuis 2000.

Plusieurs organismes s'opposent toutefois farouchement au consensus qui prévaut dans le monde scientifique au sujet du TDAH. Malgré cette opposition, qui persiste encore aujourd'hui, d'importants progrès ont été réalisés, entre autres, dans le domaine des neurosciences. En effet, les experts dans le domaine ont marqué la dernière décennie en déterminant plus clairement les dysfonctionnements neurologiques ainsi que les causes biologi-ques et génétiques associés au TDAH. Un groupe de chercheurs internationaux, l'International Consensus Statement on ADHD, a élaboré une série de données scientifiques qui sert maintenant de référence pour les experts en la matière. En janvier 2002, les 86 spécialistes ont signé une déclaration sur le TDAH confirmant les faits suivants :

- Le TDAH faisant l'objet d'un diagnostic médical est valide et bien réel ; ses conséquences peuvent être sérieuses pour le sujet qui en souffre.
- Il s'agit d'un désordre marqué principalement par le déficit de l'inhibition du comportement et de l'attention.
- La cause de ce désordre a été identifiée à une activité cérébrale réduite, surtout dans la zone frontale du cortex.

Des techniques d'imagerie et des études effectuées auprès de divers sujets (vrais jumeaux) ont démontré que le désordre est attribuable à des facteurs génétiques et biologiques. L'environnement (l'éducation, le rôle des parents, le comportement familial, etc.) ne cause pas le TDAH, mais peut en aggraver les symptômes.

Parallèlement à ces travaux, d'autres études ont été réalisées par des chercheurs. Trois principaux éléments ont fait l'objet de recherches : le rôle de l'alimentation dans le comportement, les risques de développer une dépendance à l'alcool ou aux drogues et les effets des psychostimulants sur les enfants. Selon la croyance populaire, le sucre joue un rôle prépondérant en ce qui concerne le comportement des enfants. Toutefois, d'après l'ensemble des données scientifiques des différentes études, les glucides n'ont à peu près aucune influence marquante sur l'activité des jeunes. Les chercheurs n'ont pu établir un lien de cause à effet entre l'alimentation et l'hyperactivité.

Sans vouloir contredire les résultats de ces rigoureux travaux, nous pouvons nous poser la question suivante : pourquoi avons-nous la nette impression que nos enfants s'agitent davantage lorsque leur petit estomac s'affaire à digérer du sucre ? Avez-vous déjà mis les pieds dans une garderie, le jeudi précédant la fête de Pâques ? Avez-vous constaté un changement renversant dans l'attitude de tous les enfants présents ? Ayant bouffé du sucre toute la journée, les petits s'agitent comme jamais, criant et hurlant, courant partout dans les locaux jusqu'à épuisement. En tenant pour acquis que ces enfants avaient mangé du chocolat et des bonbons, tous les parents se concertaient pour rendre un verdict unanime : les sucreries étaient à l'origine de ce chambardement ponctuel. D'où la légitimité du questionnement suivant : un petit qui ingère de grandes quantités de sucre peut-il présenter des problèmes d'attention et de comportement ? Comment expliquer alors un tel changement, si ce n'est que l'alimentation a, elle aussi, changé radicalement ?

LE PLAN D'INTERVENTION

Une procédure de référence signifie que les adultes qui évoluent autour d'un enfant que l'on soupçonne de souffrir du TDAH demandent à ce qu'il y ait une évaluation. Précisons que cela peut représenter un moment extrêmement important dans la vie d'un jeune. Le but de l'évaluation est d'instaurer des mesures d'aide adaptées aux difficultés vécues quotidiennement par l'enfant. Si l'évaluation est bien faite et que le diagnostic établi est le bon, il ne reste plus qu'à espérer que le dysfonctionnement ait été détecté suffisamment tôt pour que l'efficacité du plan d'intervention ne soit pas compromise. De cette façon, le jeune a de meilleures chances de se développer et d'apprendre à vivre avec sa condition, avec ses forces, ses faiblesses, et d'adopter des comportements qui soient susceptibles de favoriser son épanouissement et son auto-nomie. Dans le cas contraire, si l'évaluation se fait tardivement, l'enfant risque de développer d'autres problèmes, ne serait-ce qu'un affaiblissement de son estime de soi.

En général, ce sont les enseignants qui remarquent un pro-blème et qui demandent à ce que l'enfant soit évalué. Bien que cette première démarche s'effectue au début du cycle primaire dans la majorité des cas, il n'est jamais trop tard pour intervenir.

Il peut être difficile de porter un diagnostic avant l'âge de sept ans, car on retrouve plusieurs des symptômes associés au trouble déficitaire de l'attention chez des enfants normaux. En effet, les enfants de cet âge peuvent courir en rond, être hyperactifs ou même avoir du mal à se concentrer. Mais cela ne signifie pas nécessairement qu'ils souffrent du TDAH. D'autres facteurs doivent être considérés dans la démarche, comme la fréquence, l'intensité et la nature des comportements problématiques.

Dans certains cas, il arrive que la demande d'évaluation ne se fasse qu'à l'adolescence. Les troubles passent parfois inaperçus, ce qui expliquerait le fait que la recommandation d'une évaluation ait été faite si tardivement. Il arrive même que des adultes reçoivent un diagnostic insoupçonné du TDAH. Par conséquent, certaines personnes sont tentées d'éliminer l'hypothèse de ce dysfonctionnement à l'adolescence sous prétexte que les symptômes n'ont pas fait l'objet d'un diagnostic auparavant. Mais la prudence est de mise, puisque les troubles étaient probablement présents depuis la naissance, sans avoir été manifestes. Par ailleurs, il n'est pas facile de détecter ce trouble chez un jeune du secondaire. En effet, le simple fait qu'il fréquente plusieurs professeurs rend l'entreprise plus ardue.

Le diagnostic repose sur des observations cliniques de critères qui ne sont pas tous exclusifs au TDAH. L'évaluation doit être effectuée de façon rigoureuse et exige l'intervention de plusieurs spécialistes, car elle vise à éliminer toutes les autres causes possibles des symptômes observés. Il est nécessaire de procéder à des observations dans plusieurs milieux de vie du jeune et d'obtenir un bilan médical. Plusieurs intervenants doivent donc participer au processus qui se divise en trois étapes: la formulation de la demande, la collecte structurée d'information et la confirmation des hypothèses.

La formulation de la demande

Il s'agit de la première étape de la démarche. Le professionnel qui reçoit la demande ainsi que l'intervenant qui l'a formulée doivent prévoir une entrevue ouverte au cours de laquelle le demandeur (l'enseignant, les parents, le tuteur ou même le jeune, lui-même) décrira la situation. Les motifs de consultation doivent être énoncés clairement dès le départ. Le demandeur doit avoir la possibilité d'expliquer dans ses propres mots les difficultés observées ou éprouvées. Cette étape est importante afin qu'un lien de confiance s'installe entre les deux parties. La première entrevue permet également de recueillir l'anamnèse[9] concernant le jeune, c'est-à-dire des renseignements tels que les antécédents médicaux, les symptômes remarqués et l'histoire du trouble en question. Différents facteurs doivent être considérés afin d'obtenir un portrait complet des difficultés qui nuisent au développement de l'enfant. Ces données ne sont pas nécessairement importantes pour établir le diagnostic, mais elles sont très pertinentes pour connaître les forces et les faiblesses de l'enfant. À partir de ces données, le professionnel consulté peut envisager différentes hypothèses diagnostiques qui influeront sur le choix de l'information à recueillir, des tests à effectuer ou des outils à utiliser.

La collecte structurée d'information

À partir de l'information recueillie, il est possible d'émettre des hypothèses. La deuxième étape du processus d'évaluation proposée dans les lignes directrices permet, quant à elle, de recueillir des renseignements supplémentaires et de documenter ces hypo-

---

9. Ensemble des renseignements recueillis par le médecin auprès d'un patient ou de ses proches au sujet de ses antécédents médicaux et de l'histoire de la maladie pour laquelle il consulte.

thèses. La collecte se fait de façon structurée et permet d'établir des liens entre les divers milieux de vie de l'enfant. Le travail peut alors être partagé entre les différents intervenants ou professionnels qui travaillent de concert, qu'ils soient issus du réseau de l'éducation ou de celui de la santé et des services sociaux.

Tout d'abord, il est pertinent de connaître l'intensité du problème ainsi que la nature de ses manifestations. Tout ce qui concerne l'histoire du jeune, son âge au début des manifestations et l'évolution des difficultés, doit être examiné. Le contexte dans lequel les difficultés se présentent ainsi que les facteurs qui les exacerbent ou les atténuent sont des données très utiles pour l'intervention ultérieure. Il est également important de vérifier si des évaluations ont été faites antérieurement, de s'informer si des interventions ont été tentées et d'obtenir un aperçu des résultats obtenus. Pour évaluer le degré de motivation des parents à s'impliquer dans la démarche, ainsi que celui de tous ceux qui interviennent auprès du jeune, il est important de connaître leurs perceptions et leurs impressions à l'égard des problèmes vécus par l'enfant.

Les données sur la grossesse et l'accouchement sont ce que l'on nomme les « antécédents périnataux ». Ces informations sont importantes pour établir le diagnostic différentiel. C'est pourquoi il est essentiel de connaître les circonstances entourant le déroulement de la grossesse, notamment les complications et, le cas échéant, la durée de la grossesse. Les données sur l'accouchement, soit la durée du travail et les complications, sont également pertinentes, de même que celles qui concernent le bébé durant la période néonatale (poids, problèmes de santé, traitements reçus, etc.). Certaines complications durant la grossesse ou à la naissance, comme un empoisonnement intra-utérin, un syndrome d'alcoolisme fœtal, un manque d'oxygène lors de l'accouchement ou autres, peuvent causer des séquelles qui s'apparentent au TDAH.

Il faut de plus se pencher sur les événements médicaux de l'enfant, avec l'aide de ses parents, puisque ceci permet de connaître les problèmes de santé aigus ou chroniques vécus par l'enfant, les interventions chirurgicales, les hospitalisations et les médications passées et présentes. Ces données permettent d'éliminer ou de confirmer la présence d'une cause physiologique qui expliquerait la problématique actuelle, ou encore de mettre en évidence des facteurs qui interféreraient avec un éventuel traitement. Les pertes de conscience, les accidents à la tête ou les intoxications doivent être documentés.

Les renseignements sur le développement de l'enfant sont importants, car ils permettent de le situer quant aux différents stades. Ainsi, on pourra constater s'il présente un retard quelconque sur le plan de la croissance, de la motricité fine ou globale, du langage, de la propreté, etc., et si ce retard pourrait causer ou expliquer les difficultés qui sont vécues. Ces renseignements peuvent donner une idée des habiletés et des champs d'intérêt du jeune. Les premiers pas, la socialisation en bas âge, la réaction à la frustration, les traits de personnalité, les problèmes de sommeil, les premiers apprentissages (vélo, nage, dessin, etc.), le comportement dans les jeux et l'attitude par rapport aux règlements sont tous des éléments pertinents.

L'historique du comportement permet de vérifier la présence de comportements problématiques avant l'âge de sept ans, une condition obligatoire pour établir un diagnostic du TDAH. L'historique du comportement englobe tout ce qui concerne le tempérament, la personnalité et le comportement du jeune. Il importe d'observer son degré d'autonomie et sa capacité de socialisation (facilité à se faire des amis, nombre d'amis, capacité à les garder). Les renseignements sur le sommeil et l'alimentation sont aussi appropriés, de même que la présence ou non de comportements problématiques comme l'agressivité, le retrait social, l'anxiété, l'opposition, etc.

Pour dresser le portrait complet d'un élève, il faut l'observer non seulement dans son milieu familial, mais aussi dans son milieu scolaire. Il est nécessaire de noter les problèmes démontrés par le jeune avant son entrée à l'école, puis son adaptation au milieu scolaire, son comportement à l'école, son niveau scolaire et la structure de sa classe. Il y a également lieu de savoir si l'enfant a subi des redoublements, des échecs et des changements d'école. De plus, il est important de vérifier la qualité de la relation enfant–enseignant, enfant–personnel ainsi que l'attitude de l'enfant par rapport à l'autorité et lorsqu'il fait ses devoirs. Les processus cognitifs de l'enfant ainsi que les moments et les situations où les comportements inadéquats se manifestent sont au nombre des données très notables.

L'historique familial et social vient ensuite. L'existence de ce trouble dans la famille immédiate ou élargie est un indice supplémentaire et considérable, puisqu'il est fort probable que le TDAH ait des bases génétiques. Ces renseignements peuvent orienter la démarche diagnostique en fonction d'autres problématiques.

L'historique familial permet de connaître les antécédents familiaux du jeune évalué. On recueille les données démographiques des parents (âge, degré de scolarité, emploi) ainsi que leurs antécédents médicaux, psychologiques et scolaires. Les relations familiales, la fratrie, les habitudes de vie, la structure et l'organisation familiale de même que son fonctionnement en général sont des données importantes à connaître.

En plus de prendre connaissance des forces de l'enfant, le professionnel doit également noter les activités dans lesquelles l'enfant excelle ainsi que ses talents et ses habiletés. Ses goûts et ses loisirs préférés sont des données tout aussi valables, surtout quand vient le temps de mettre en place des interventions et des systèmes de motivation[10].

La rédaction de ce livre a permis de rencontrer des intervenants sur le terrain, des gens qui côtoient nos jeunes au quotidien et qui vivent avec cette problématique dans le cadre de leur travail. Ces personnes ont accepté de parler ouvertement et sans retenue d'un sujet qui malheureusement se prête souvent mal aux discussions. Les parents et les enfants qui vivent avec la médication n'acceptent pas facilement d'en parler. Nous témoignons à chacun notre profonde gratitude.

Sylviane Salois, une éducatrice spécialisée de 32 ans, travaille auprès de jeunes élèves de la première, deuxième et troisième secondaire dans une école de la région de Montréal. Elle agit comme intervenante de première ligne lorsque les professeurs signalent quelque chose qui ne va pas. Il lui arrive de devoir garder les bouteilles de médicaments dans son armoire, et les jeunes viennent la voir pour les prendre.

Quand il s'agit de poser un diagnostic aussi sérieux, on ne peut se fier à l'opinion d'une seule personne. Le processus se déroule en plusieurs étapes au cours desquelles les intervenants observent l'enfant dans son environnement. Quand un professeur remarque qu'un de ses élèves se comporte de façon inadéquate, Mme Salois est alertée et observe la situation à son tour. Selon sa recommandation, la psychologue de l'école devra par la suite intervenir et évaluer le jeune. Puis, avant qu'un plan d'interven-

---

10. Informations sur la collecte structurée provenant du document «Soutien à la formation» au sujet du trouble déficitaire de l'attention du ministère de l'Éducation et du ministère de la Santé et des Services sociaux du Québec.

tion puisse être mis en place, il doit y avoir concertation entre le professeur, Mme Salois, la psychologue et les parents. Une fois que Mme Salois a identifié un problème avec l'élève, une grille d'observation est utilisée au quotidien pour noter les comportements de l'enfant. Les critères d'observation sont les suivants :

Respect de soi et des autres

- bavarde inutilement ;
- parle en même temps que le professeur ;
- ne lève pas la main pour obtenir le droit de parole ;
- joue avec des objets inutilement ;
- dérange les autres ;
- ne prend pas ses responsabilités ;
- travaille malproprement ;
- remet ses travaux en retard ;
- n'apporte pas le matériel nécessaire en classe ;
- ne fait pas signer ses documents par ses parents.

Respect des règlements

- arrive en retard ;
- porte une casquette, apporte un baladeur ;
- a une tenue vestimentaire non conforme.

Respect et savoir-vivre

- s'oppose à l'adulte ;
- formule des commentaires impertinents ;
- utilise un langage vulgaire ;
- refuse de faire le travail demandé ;
- ne collabore pas.

Respect de l' environnement

- ne replace pas sa chaise ;
- ne nettoie pas son espace ;
- lance des objets ;
- se fait expulser hors du cours.

Avec l'aide du professeur, Mme Salois passe en revue cette grille et rencontre ensuite la psychologue afin de discuter du cas en question. Un autre test psychologique très précis sera effectué pour poser un diagnostic du trouble déficitaire de l'attention avec hyperactivité. Une fois que la psychologue a terminé son travail, un plan d'intervention sera réalisé et constituera la base d'une concertation entre tous les intervenants, y compris les parents qui devront prendre une décision concernant leur enfant. Si les conclusions indiquent que le jeune devrait prendre un médicament, un rapport sera envoyé au médecin afin que celui-ci prescrive la médication qui convient.

«En général, nous voulons que le médecin traitant soit un spécialiste, confie Mme Salois. Un neurologue de préférence. Il faudra aussi ajuster la dose au fur et à mesure, le suivi se doit d'être serré, surtout en début de traitement. Les enfants qui sont "ritalisés" ne se sentent pas comme les autres. Leur estime de soi en prend pour son rhume. Il faut que ça se passe en douceur autant que possible.» «Ritalisés»! C'est bien ce que Mme Salois a dit… Dans cette école, comme dans plusieurs autres fort probablement, on qualifie ainsi ces élèves, comme si l'expression s'était lexicalisée d'elle-même. Comment en vient-on à transformer le nom d'un médicament en qualificatif de la sorte?

Cruel constat d'une réalité que nous devons accepter, avec laquelle nous devons composer au quotidien, sans la banaliser. Ainsi, l'enfant «ritalisé» se distingue des autres par sa faiblesse, par son caractère singulier que lui confère le médicament. Aussi se sent-il à part, marginal, moins aimable, moins bon, à la limite moins intelligent. De plus, dans cette école, on privilégie plutôt le Concerta, du méthylphénidate à action prolongée. « C'est préférable pour l'enfant, ajoute Mme Salois. Le fait de prendre un seul comprimé par jour, c'est plus discret et la terre entière n'a pas besoin de savoir qu'il prend un stimulant. De cette façon, le jeune n'a pas besoin de prendre sa médication à l'école, il prend sa pilule en se levant le matin et c'est terminé pour la journée. »

Lors d'une rencontre avec Mme Salois, il régnait une paix et un calme surprenants dans l'établissement scolaire. N'étions-nous pas, à notre époque, bien plus bruyants et turbulents ? Dans une école publique comme celle-ci, les jeunes se vêtent généralement un peu n'importe comment. Jeans troués, fond de culotte qui traîne par terre, nombril à l'air, etc. Ici, il n'en est rien. La direction de l'école a instauré une tenue vestimentaire pour le haut du corps qui affiche les couleurs de l'établissement. Ainsi, les parents doivent faire l'achat de chemisiers et de chandails qui imposent une certaine uniformité, un protocole, sans que les élèves aient à porter toujours les mêmes vêtements. Il y a du choix.

Les statistiques concernant la consommation du Ritalin indiquent un taux d'environ 5 % pour la population québécoise en général, mais elles grimpent jusqu'à 12 % dans les milieux moins favorisés. « Nous comptons 11 élèves "ritalisés" sur un total de 300 dans cette école, mentionne Mme Salois. Ce n'est pas beaucoup. Je crois que nous sommes en deçà des statistiques en ce qui concerne le taux de consommation du médicament. Je préférerais qu'il n'y en ait aucun, mais je considère que nous faisons plutôt bonne figure. Une classe peut compter un seul élève sous médication ; d'autres, aucun. »

Dès les premières minutes de la rencontre, la discussion s'est animée au sujet du médicament lui-même. L'objectif premier était en quelque sorte de prendre le pouls dès le départ, de savoir ce que représentaient pour elle des enfants « sur le Ritalin ». Certains professionnels qui travaillent dans le milieu au quotidien ont une opinion bien arrêtée sur le sujet. Qu'en était-il de Mme Salois ? Quittons pour un moment le milieu scientifique et attardons-nous sur ce qui se passe dans les écoles. « Je peux affirmer d'emblée que le Ritalin, ça marche, lance-t-elle spontanément. Je vois des jeunes qui n'étaient pas capables de se concentrer, qui ne réussissaient pas en classe, et qui, soudainement, vont beaucoup mieux. Ce que je note de plus frappant, c'est le fait que leur estime de soi revient tranquillement. Les résultats scolaires s'améliorent et les parents sont généralement très heureux. Tout cela, c'est vrai pour les cas du TDAH. Généralement, ces enfants ne sont pas hyperactifs, ils ne sont pas capables de se concentrer et le savent très bien. Ils viennent me voir et me disent : "Sylviane, ce n'est pas ma faute, je ne suis pas capable de suivre, je ne suis juste pas capable…" Et je sais que c'est vrai. Il y a quelque chose de biologique là-dedans. L'enfant voudrait s'appliquer dans son travail, mais il n'en a pas la force. Ce n'est vraiment pas de la mauvaise volonté. En ce qui concerne les autres dysfonctionnements, comme les troubles de comportement, c'est une autre histoire. Le Ritalin n'a pas d'emprise sur eux. Et là, les parents sont mécontents parce que la médication ne fonctionne pas. On entend toutes sortes d'arguments en défaveur du plan d'intervention, du médicament, etc. Mais j'ai le sentiment que ces enfants, ceux qui ont subit un trouble plus sévère, ont besoin de beaucoup plus. Ils ont besoin de temps, d'encadrement, de présence, d'une situation stable à la maison et à l'école pour qu'ils puissent progresser. Heureusement, ce n'est pas la majorité des cas, mais il y en a. »

Ainsi, plusieurs intervenants doivent décider du sort qui sera réservé au jeune. À partir du premier signal d'alarme émis par le professeur jusqu'à l'élaboration d'un plan d'intervention concret, de nombreuses étapes doivent être franchies. Une conversation avec la directrice de l'école, Mme Manon Daigle, a permis de réaliser à quel point les intervenants se mobilisent dans le but d'aider l'élève en difficulté. Dans cette école secondaire, on prend les choses au sérieux. « Je vais tenter l'impossible avant de suggérer le Ritalin, a confié Mme Daigle. La médication devrait toujours être le dernier recours. Parfois, nous constatons qu'il s'agissait du bon choix. L'enfant prend le stimulant et devient rapidement productif, ses résultats s'améliorent. Mais je ne souhaite pas voir tous les élèves qui présentent des difficultés consommer du Ritalin. C'est un médicament et on ne prend pas cette décision sans préalablement explorer d'autres pistes. Aujourd'hui, je crois qu'on saute très rapidement aux conclusions et on choisit la voie facile. J'ai 22 ans d'expérience dans le métier et j'en ai vu d'autres. J'ai travaillé auprès d'enfants déficients intellectuellement, d'autres avec des troubles de comportement graves. Dans ces cas, il faut agir avec beaucoup de précautions. Le Ritalin ne leur sera pas d'un grand secours. C'est facile de tout mêler : troubles de concentration, troubles d'apprentissage, troubles de comportement. Nous devons être très vigilants. »

Voici un exemple troublant. L'histoire du petit Lucas risque de remettre en question de nombreux diagnostics médicaux, en particulier ceux qui font appel à une médication inutile. Ce petit de quatre ans fréquente un service de garde offert aux parents qui désirent que leur enfant connaisse un milieu qui s'apparente à la prématernelle. Comme il est difficile de trouver un établissement scolaire qui prépare les petits à leur entrée au primaire, avec un enseignement qui débute lentement et dans un climat qui leur permet de s'épanouir hors du contexte d'une garderie, la mère de Lucas a cru bon de l'inscrire à cette école. Au mois d'octobre, les éducatrices au service de garde ont commencé à remarquer un problème avec Lucas. En fait, son comportement ne présageait rien de bon pour l'avenir. Il faisait preuve d'une impulsivité carrément dangereuse. Il pouvait, sans avertissement, lancer sa nourriture, frapper ses camarades, se mettre à crier pour tout et pour rien. Toutefois, on a mis du temps avant d'agir avec Lucas. Au printemps suivant, en mai, le médecin a décidé de lui prescrire du Ritalin.

Pour mieux cerner la situation, un portrait plus informatif du petit s'avère utile. Tout d'abord, cet enfant vient d'un milieu très défavorisé de l'est de la ville de Montréal. L'enfant souffre visiblement d'un trouble de comportement dont la cause, évidemment, n'est pas bien comprise. Mais le plus remarquable dans son cas, c'est qu'il ne subit aucun problème d'apprentissage. En ce qui concerne son cheminement préscolaire, rien n'indique qu'il éprouve quelque difficulté que ce soit pour assimiler les notions qui lui sont enseignées. Il se concentre comme tous les autres enfants, il suit les consignes, effectue les travaux conformément aux demandes des éducatrices, se montre attentif, minutieux et même travailleur acharné. À cause de ses crises répétées et de son caractère bouillant, le médecin a cru bon de lui prescrire un psychostimulant, espérant que ses symptômes allaient se résorber avec le médicament.

Un des problèmes qui se posent avec la consommation des stimulants en général concerne davantage le diagnostic que le médicament lui-même. Nous savons que cette médication peut venir en aide à ceux qui souffrent véritablement d'un problème d'attention. Les principaux symptômes ont été listés précédemment. Mais dans le cas qui nous occupe, le petit ne présentait vraisemblablement aucun signe du TDAH, ce qui fait que la médication ne lui a été d'aucun secours. L'enfant se présentait à l'école sous l'effet du stimulant et continuait d'adopter ses comportements destructeurs et agressifs. Le Ritalin n'a eu aucune incidence sur ses problèmes de comportement, ou encore sur tout ce que l'on nomme de façon plutôt dramatique « comorbidité ».

Un enfant de quatre ans ne devrait en aucun cas consommer un tel médicament. Les psychostimulants, tels les autres dérivés d'amphétamines, sont indiqués pour les jeunes à partir de l'âge de six ans seulement. De plus, il semblait très clair pour les intervenants de l'école que Lucas n'éprouvait aucune difficulté à se concentrer et à suivre en groupe. Les problèmes avec le petit survenaient toujours lorsqu'un changement lui était imposé. Lucas était particulièrement sensible au moment de changer d'activité, quand une autre consigne exigeait qu'il modifie son comportement ou alors lorsqu'un imprévu se présentait. Pour lui, l'adaptation était difficile. Et c'est précisément ce qui provoquait une telle colère chez lui. Dès lors, il l'exprimait avec force et de façon incontrôlée. Son manque de retenue faisait en sorte qu'il perdait totalement contact avec la réalité.

La médication a été prescrite par un médecin généraliste. Habituellement, lorsqu'un enfant de cet âge manifeste de tels comportements, il doit plutôt être vu par un pédopsychiatre. Une intervention rapide est nécessaire pour limiter les dégâts et éviter justement que l'enfant ne développe d'autres problèmes. Comment peut-on comprendre, et par-dessus tout, approuver la décision du médecin ? Même s'il est vrai que la motivation première visait essentiellement à gérer les crises d'impulsivité du petit, nous savons que ce stimulant n'est d'aucune efficacité dans ces cas particuliers. De plus, il semble que le rendez-vous avec le spécialiste ait été retardé. Le fait que peu de pédopsychiatres soient disponibles cause bien des ennuis aux parents qui ont grandement besoin d'une évaluation adéquate de leur enfant. Par la suite, un plan d'intervention adapté aurait dû être mis en place et le suivi effectué par des intervenants appropriés et compétents.

LE PARENT EN DÉTRESSE

La question du Ritalin est maintenant devenue une véritable polémique. Tout le monde se demande : pourquoi les enfants sont-ils aussi « médicamentés » de nos jours ? Nous trouvons des coupables sans effort. Le constat est plus cruel qu'encourageant. Que voulez-vous, les temps ont changé. Les enfants ne sont plus ce qu'ils étaient, c'est-à-dire ce que nous étions. Nous vivons dans un monde où tout va très vite, il n'y a pas de place pour les plus faibles, les plus lents, les moins brillants. Nous n'avons plus le temps d'attendre. Nous sommes partout, sauf avec nos enfants. Nous travaillons de plus en plus, à construire on ne sait trop quoi. Nous voulons tout, tout de suite. Voyage en Europe, voyage dans le Sud, maison, auto, bateau, appareils électroniques et quoi encore ! Ensuite, nous sommes étonnés de constater que notre progéniture est devenue un enfant-roi, mais nous lui avons transmis notre confusion, notre perception altérée du monde. La société impose à l'enfant de développer une maturité précoce. À cinq ans, il maîtrise admirablement l'ordinateur, à peine trois années plus tard, il clavarde avec ses camarades d'école, il connaît toute la programmation télévisuelle, il apprend le catalogue du grand magasin par cœur. En revanche, jouer dehors ne l'intéresse pas. Le parent assiste donc au triste spectacle, impuissant devant l'enfant nouveau qui prend sa place. Il doit négocier constamment avec son jeune pour qu'il aille au lit, qu'il termine son repas, qu'il fasse ses devoirs. L'autorité parentale a perdu tout son sens.

Oui, les jeunes ont changé. Comment ? Saviez-vous qu'en 1920, l'âge moyen auquel les filles avaient leurs premières règles était de 16 ans ? En 1955, c'était 14 ans. En 1995, 12 ans. On attribue ce changement à une alimentation de meilleure qualité. Mais peut-on expliquer cette nouvelle jeunesse uniquement par l'évolution hormonale et pubertaire ? Ne serait-ce pas aussi une question d'identification ? Aujourd'hui, on remarque que les jeunes ont délaissé l'identification familiale pour se consacrer davantage à leurs pairs, aux médias et aux stéréotypes que la société leur montre. Tout cela se déclenche très tôt, dès la petite enfance. Autrement dit, leur modèle n'est plus le père ou la mère, mais plutôt le petit camarade d'école ou le héros d'un film. Votre enfant de huit ans reçoit 100 $ en cadeau à Noël ? Ne soyez pas surpris de sa réaction. Rien ne l'impressionne. S'il reste de glace devant la générosité d'un proche, c'est qu'il en a vu d'autres. Le mot « valeur » ne fait pas partie de son vocabulaire, peu importe le sens. Ses repères de consommation et de richesse sont flous. Il n'a aucun besoin de savoir combien ça coûte, il veut se procurer l'objet de son désir le plus rapidement possible.

« Docteure Nadia »[11] est appelée en renfort chez une maman. La pauvre mère en a assez. Sa petite de trois ans a pris l'habitude de s'habiller en poupée et de se maquiller comme une grande personne avant de se rendre à la garderie. Désespérée, la maman ne sait plus quoi faire. La petite princesse ne sort pas de la maison tant et aussi longtemps qu'elle n'a pas ses vêtements de fée et son maquillage de vedette de cinéma. La mère demande donc l'aide d'une psychologue spécialisée en intervention auprès des enfants d'âge préscolaire pour régler cette fâcheuse situation. Trouvant que cette mise en scène a assez duré, autant s'en remettre à une professionnelle qui a l'habitude avec les enfants de cet âge. Mais au fait, avons-nous perdu le contrôle à ce point avec nos enfants ? Comment en sommes-nous arrivés là ?

---

11. Émission de télévision, « D[re] Nadia, psychologue à domicile », présentée sur Canal-Vie, durant laquelle une psychologue spécialisée en intervention auprès des jeunes enfants se rend à domicile pour venir en aide aux parents qui, en quasi-désespoir de cause, ont fait appel à ses services.

Mme Salois n'a pas la langue dans sa poche quand il s'agit des parents. Elle ne les épargne pas. Étant elle-même mère d'une enfant de huit ans, son expérience lui permet sans doute de porter un jugement que plusieurs trouveront sévère. En revanche, elle est bien placée pour constater que l'encadrement de certains jeunes est inadéquat. Il n'est pas normal que des enfants de 12, 13 ou 14 ans se retrouvent presque toujours seuls à la maison, sans aucune surveillance. «Certains parents croient que, une fois l'adolescence arrivée, le travail est terminé. Ils n'ont plus besoin de s'occuper de leurs enfants. Pire encore, ils n'ont plus besoin de s'intéresser à eux. Le jeune est très tôt laissé à lui-même, sans encadrement. Très souvent, il n'a personne pour prendre le petit déjeuner avec lui le matin. Lorsqu'il arrive à la maison vers quinze heures trente, il n'y a personne non plus. Qu'est-ce que le jeune fait? Il s'installe bien confortablement devant le téléviseur, mange des *pizzas pochettes*! La mère ou le père rentre à la maison vers dix-neuf heures et lui demande s'il a des devoirs à faire. "Non maman, pas de devoirs!" Mais, évidemment, le parent ne vérifie pas dans le sac d'école ou dans l'agenda. À 13 ans, c'est certain qu'on n'a pas de devoirs! D'autres se retrouvent dans la rue à vingt-trois heures. J'ai même une petite de 12 ans qui passe ses nuits toute seule à la maison, sa mère travaille à l'hôpital. C'est vraiment inacceptable. Je ne veux pas culpabiliser les parents ou leur jeter la pierre. Mais je trouve inconcevable que des enfants de cet âge se retrouvent dans une telle solitude. Même s'ils gagnent en autonomie, ça ne veut pas dire de tout arrêter et de les laisser aller pour le reste de leurs jours. Ils ont besoin d'attention, d'encadrement, ils ont besoin d'encouragement.»

Quand un jeune souffre du TDAH, les parents qui apprennent la nouvelle réagissent de différentes façons. Certains sont très réticents à ce que leur enfant ingurgite d'emblée un médicament comme le Ritalin. D'autres se réjouissent que cette histoire d'horreur connaisse enfin son dénouement.

« Le problème a pris tellement d'ampleur que c'en est devenu un de société, affirme Mme Daigle. Bien sûr, il y a toute la question de la société de consommation, les jeunes qui ne vont plus dehors, les parents absents et quoi encore ! Mais moi, je préfère regarder du côté des solutions. En ce qui me concerne, je crois que nous devons nous parler. C'est le seul moyen d'y arriver. Tenez, voici encore un exemple. J'ai un élève de 12 ans qui a passé une semaine en foyer d'accueil parce qu'il était violent avec ses parents. Ils en ont eu assez de son comportement et ils ont préféré qu'il prenne un peu l'air. Une semaine, et je ne l'ai su que lorsqu'il est revenu le lundi matin suivant ! Personne ne me l'avait dit, ni les parents, ni la Direction de la protection de la jeunesse. Il faut deviner. Nous passons plus de trente-cinq heures par semaine avec le jeune, il me semble que nous sommes plus que concernés par cet événement. Mais ce n'est qu'un exemple. Quand il s'agit d'intervenir auprès de jeunes en difficulté d'adaptation sociale ou scolaire, il faut se concerter pour que tout le monde agisse ensemble. Nous assistons à la fois à une déresponsabilisation des parents et à une sorte d'exclusivité en ce qui concerne l'autorité. Quand j'étais jeune et que j'allais en visite chez une tante, les adultes qui étaient présents me reprenaient volontiers si je faisais une bêtise. Un oncle, une tante, ma grand-mère, une voisine, tous prenaient le droit de faire un reproche. Aujourd'hui, ne vous avisez pas de reprendre un enfant. Ça ne se fait plus. Le parent du jeune vous le fera savoir assez vite que ce n'est pas votre responsabilité. »

LE PARENT TDAH

En lisant ce livre, le lecteur se posera peut-être la question suivante : mon enfant souffre du trouble déficitaire de l'attention, en souffrirais-je moi aussi ? Cette question est fort pertinente. D'abord, on connaît le rôle que joue le facteur héréditaire dans ce dysfonctionnement. Chez l'adulte, il n'est pas nécessairement aisé d'établir un tel diagnostic. En premier lieu, mentionnons que certaines situations peuvent causer des symptômes fortement apparentés à ceux du TDAH. Par exemple, le fait d'être exposé à une situation stressante durant une période prolongée peut avoir des conséquences fâcheuses. Une personne qui souffre d'insomnie présente parfois des symptômes qui peuvent facilement s'associer à ceux du TDAH. L'individu hypervigilant tentera ainsi de lutter contre le sommeil, aura une tendance à l'hyperactivité, souffrira d'angoisse ou de dépression. Mais dans ces cas, la prudence s'impose quant à une éventuelle thérapie pharmacologique. En effet, chez ces sujets, la prise de psychostimulants comme le Ritalin peut s'avérer néfaste, voire catastrophique. Ce médicament pourrait causer des effets rebonds dépressifs chez les sujets déprimés ou encore des épisodes anxieux. Bien entendu, une personne qui se souvient avoir été hyperactive dans sa jeunesse risque fort de « traîner » cette affection à l'âge adulte.

Tout comme pour l'enfant, l'adulte devra consulter un spécialiste afin que les symptômes fassent l'objet d'une bonne évaluation, suivie d'un diagnostic. Le sujet se plaint généralement des problèmes suivants :

- incapacité de se concentrer ;
- pertes de mémoire ;
- hyperactivité, bougeotte ;
- difficulté à organiser son temps et son espace ;
- faible estime de soi ;

- confusion de l'esprit ;
- difficultés relationnelles, professionnelles ;
- inconfort, tristesse, mal-être.

Pour expliquer ces symptômes, un diagnostic de dépression pourrait fort bien faire l'affaire. Le médecin traitant doit se montrer très attentif aux antécédents de la personne. L'historique joue un rôle prépondérant dans l'édification d'un rapport médical concluant. Du reste, une série de questions s'impose quand il s'agit d'établir avec précision le profil de la personne. En voici quelques exemples :

- Avez-vous de la difficulté à relaxer ?
- Avez-vous du mal à suivre une conversation du début à la fin ?
- Souffrez-vous fréquemment d'insomnie ?
- Avez-vous des antécédents familiaux de problèmes psychiatriques, de dépression, de psychose maniaco-dépressive, d'alcoolisme ou de consommation de drogue ?
- Faites-vous preuve d'impatience ?
- Avez-vous tendance à vous éparpiller dans mille et un projets ?
- Avez-vous tendance à remettre à plus tard ce que vous avez à faire ?
- Votre mémoire vous fait-elle défaut la plupart du temps (mémoire à court terme) ?
- Buvez-vous de l'alcool avec excès ?
- Êtes-vous capable de lire les instructions avant d'entreprendre un projet ?
- Êtes-vous un joueur compulsif ?
- Avez-vous un tempérament agressif et impulsif ?
- Lorsque vous lisez un livre, le terminez-vous ?
- Avez-vous de la difficulté à gérer votre argent ?

- Avez-vous une mauvaise coordination visuelle–manuelle?
- Avez-vous de la difficulté à réussir dans les sports?
- Êtes-vous en mesure de vous abandonner pendant l'acte sexuel?
- Avez-vous tendance à oublier ce que vous voulez dire?
- Avez-vous de la difficulté à lire ces questions, à lire ce livre?

Évidemment, toutes ces questions peuvent servir d'indicateur quant à un profil de personnalité susceptible de s'apparenter au TDAH. Mais il ne constitue en aucun cas un outil de diagnostic. Le médecin spécialiste (psychiatre ou neurologue) procédera à l'évaluation complète du patient et demandera d'autres examens au besoin. L'adulte qui souffre de symptômes aussi importants aurait intérêt à se prendre en charge le plus rapidement possible s'il n'est pas déjà suivi et traité. La solution n'est pas nécessairement le méthylphénidate, n'ayez crainte. Chose certaine, il ne faut pas demeurer emprisonné dans cette vie infernale: allez chercher de l'aide au plus tôt. En fait, une faible proportion d'adultes répond favorablement au traitement avec psychostimulants. Il ne faudrait surtout pas aggraver une situation déjà passablement difficile.

En ce qui concerne la vie professionnelle, le monde moderne d'aujourd'hui requiert beaucoup de la part des travailleurs et des travailleuses. Les entreprises exigent de leurs employés une assiduité à toute épreuve, de la performance, du dévouement, du travail acharné, des efforts qui souvent dépassent les bornes. L'individu aux prises avec un trouble déficitaire de l'attention doit faire face à ce monde de compétition et de travail surhumain que nous devons tous affronter. Au-delà du travail, il y a les relations interpersonnelles, les relations familiales, le temps que l'on s'accorde à soi-même, nos ambitions, nos valeurs, nos champs d'intérêt, nos aptitudes. L'orientation professionnelle est un élément essentiel du cheminement de carrière d'un individu carencé du point de vue de l'attention. Certains métiers ne conviennent absolument pas aux personnes souffrant du TDAH, il est donc souhaitable qu'elles les évitent. Par exemple, le travail très ordonné et routinier ne constitue pas un choix judicieux pour elles. Les domaines de la comptabilité, des finances, le travail de bureau, de laboratoire ou industriel sont également à éviter.

TROISIÈME PARTIE

LES SOLUTIONS À LA MÉDICATION

Souvenez-vous-en bien, l'éducation ne consiste pas seulement à orner la mémoire et à éclairer l'entendement : elle doit surtout s'occuper à diriger la volonté.

JOUBERT

Cette dernière partie explore les diverses interventions thérapeutiques qui existent et dont le but est d'atténuer les symptômes du trouble déficitaire de l'attention avec ou sans hyperactivité, car il s'agit davantage d'un problème de développement neurologique avec lequel il faut apprendre à vivre que d'une maladie dont on peut guérir.

Pour aider les enfants et les adultes qui souffrent d'un déficit de l'attention, les médecins prescrivent du Ritalin, notamment. Nous savons que le médicament agit sur le cerveau de l'individu pour y rétablir l'ordre, en quelque sorte, et aider à la concentration, au contrôle de soi. Pour la majorité des sujets, le médicament donne de bons résultats qui améliorent la motivation pour les tâches monotones et contribuent à un sentiment de compétence. Le soutien qu'il fournit est appréciable et, en ce qui concerne les enfants, les effets thérapeutiques se font sentir rapidement. De plus, la réussite scolaire devient un objectif réalisable, alors qu'auparavant les échecs s'accumulaient.

Par contre, presque tous les parents ressentent un malaise certain à donner à leur enfant une substance chimique pharmaceutique qui a des effets secondaires indéniables. Comme mentionné en première partie du livre, le psychostimulant n'est pas un médicament anodin. Même dans un monde idéal où l'on pourrait envisager un médicament sans le moindre effet indésirable, cela demeure un produit chimique qui est assimilé par l'organisme. Outre ces considérations physiologiques, plusieurs ressentent un inconfort à modifier volontairement le comportement d'un enfant, généralement parce qu'il ne remplit pas les attentes de son milieu de vie. C'est pourquoi la plupart des parents veulent éviter, autant que possible, l'utilisation de médicaments.

Notre démarche ne consiste pas ici à proscrire le Ritalin ou toute autre forme de médicament, car celui-ci se démontre utile. Sa pertinence s'avère réelle et ses résultats appréciables. Il améliore souvent la vie de bon nombre d'individus qui le consomment. Cependant, d'autres solutions existent et méritent d'être explorées. Celles-ci ne constituent pas une panacée, pas plus que le psychostimulant lui-même. Elles apparaissent plutôt comme des pistes que le lecteur pourra explorer, au besoin, avec son enfant. Ces options peuvent être combinées (ou complémentaires) au traitement pharmacologique.

Certains parents décideront de ne pas utiliser de médicament avec leur enfant. D'autres opteront pour les approches combinées visant à améliorer l'existence de l'enfant, tout en minimisant les risques pour sa santé. La combinaison de traitements semble être une solution idéale, puisque, comme c'est le cas pour la dépression, l'association de thérapies pharmacologique et psychologique assure un meilleur taux de réussite à plus long terme. L'approche combinée, dans le cas des enfants, concerne notamment l'alimentation, la thérapie comportementale (béhavioriste), les produits naturels, l'homéopathie et différentes techniques pédagogiques.

Avec des traitements qui traquent le problème sur différents fronts, les enfants qui souffrent du trouble déficitaire de l'attention prendront plus assurément le contrôle de leurs symptômes et de leur comportement. Cela constitue en quelque sorte une police d'assurance pour leur avenir. Par exemple, grâce à la thérapie comportementale (ou béhavioriste), ils sauront, une fois rendus à l'âge adulte, comment composer avec leur condition particulière, parce que, tristement, elle les suivra toute leur vie durant.

DEHORS, L'ENFANT!

Le lecteur se souviendra probablement qu'à l'époque où il était enfant, ses parents le gardaient à l'intérieur quand ils voulaient le punir! Le grand air était l'environnement de prédilection des enfants. Hiver comme été, nous jouions avec nos amis à l'extérieur, pratiquions des sports ou des jeux en groupe et dépensions notre énergie sans calculer. Tableau contrastant, de nos jours, les enfants peuvent écouter des dessins animés du matin jusqu'au soir sur le cinéma-maison, jouer à leur console X-Box ou encore clavarder sur Internet toute la journée, sans mettre le pied dehors, sans jamais connaître l'ennui. Aller dehors devient presque une punition pour eux. On comprend alors qu'un professeur qui parle de règles de grammaire ou de problèmes mathématiques puisse être ennuyeux. L'enfant hyperactif qui tolère mal ce qui est monotone, ce qui est abstrait, et à qui on demande de rester assis des heures durant emprisonne son énergie déjà débordante, sans savoir quoi en faire. Il bouge sur sa chaise et se fait disputer.

Par ailleurs, en règle générale, la condition physique des jeunes n'est pas au centre des préoccupations actuelles des adultes, malgré le fait que l'obésité prend de l'ampleur en Amérique. Ainsi, l'une des causes de cette inquiétante surcharge pondérale chez les jeunes tient dans le fait qu'ils bougent peu. Mais l'enfant svelte, hyperactif et souffrant du déficit de l'attention pourrait lui aussi tirer avantage de la « culture physique ». N'était-ce justement pas l'appellation que nous utilisions autrefois pour désigner les cours qui nous faisaient bouger à l'école ? Or, se cultiver, c'est aussi apprendre à soigner son corps comme son esprit.

Cette conscience de l'importance de faire autant attention à son corps qu'à son âme remonte à la Renaissance. Mais aujourd'hui, nous avons une fâcheuse tendance à l'oublier ou à la renier. En effet, ce sont d'abord les adultes qui ont adopté un mode de vie beaucoup plus sédentaire, où tout est à portée de la main, où tout s'obtient facilement. Nous n'avons plus besoin de nous lever de notre siège pour changer de chaîne à la télé, il y a la fameuse télécommande ; nous n'avons plus besoin de nous rendre au magasin pour faire des achats, il y a Internet ; nous n'avons plus besoin de nous déplacer pour nous rendre au travail, il y a le télétravail. Ces bouleversements ont des conséquences certaines sur la condition humaine.

L'enfant qui souffre du TDAH en subit aussi les contrecoups. Paradoxalement, notre mode de vie effréné entraîne les jeunes à adopter les mêmes comportements sédentaires. Le milieu scolaire a subi plusieurs changements majeurs au cours des dernières années. On veut diminuer les heures des cours d'éducation physique sous prétexte qu'il faut consacrer plus de temps à l'apprentissage de l'anglais, des mathématiques et du français. Cette récente tendance a pris naissance dans certaines écoles américaines de haut niveau. En effet, pour augmenter le temps d'enseignement, ces écoles ont choisi de réduire ou d'éliminer complètement les périodes de récréation. Même les enfants qui n'ont pas de diagnostic d'hyperactivité souffriront d'une telle approche. Si nous tenons pour acquis que les enfants ne sortent plus à l'extérieur et qu'ils ne peuvent profiter suffisamment de périodes de cours d'éducation physique, ils deviendront littéralement prisonniers de leur corps et ils menaceront constamment d'exploser.

Lorsque le parent en a assez de son enfant turbulent, il le « met dehors » en guise de punition. Le jeune a du mal à passer quelques minutes à l'extérieur. Il ne sait trop que faire pour s'occuper : ignorant à quoi il peut jouer à l'extérieur, il manque d'initiative et de créativité. Pourtant, nous savons pertinemment qu'il en a encore plus besoin que les autres enfants — jouer au parc, pratiquer un sport avec d'autres enfants de son âge, s'inventer des jeux, apprivoiser l'extérieur pour mieux vivre à l'intérieur des murs de l'école et de sa demeure. Qui n'a pas connu la sensation extraordinaire de la libération des endorphines après une activité physique rigoureuse ? Ainsi, avec une plus grande incitation à l'activité physique, nous éviterions possiblement d'avoir à « droguer » un enfant qui souffre du TDAH aux « hormones du bonheur ». Le simple fait qu'il apprenne à cultiver son corps comme nous le guidons à le faire pour son esprit pourrait être salutaire à son développement.

Plusieurs entreprises, grandes et petites, encouragent leurs employés à pratiquer un sport ou à s'inscrire à un club sportif pour améliorer leur condition physique. La raison qui motive les dirigeants de ces entreprises à débourser des sommes considérables pour leurs employés tient-elle seulement au fait qu'ils désirent que leur personnel soit svelte et en forme ? Bien sûr que non. Il a été prouvé qu'une personne en bonne condition physique sera plus productive au travail, mieux concentrée, plus positive, plus alerte, mieux dans sa peau. Nous savons aussi que l'exercice joue un rôle important en ce qui concerne l'estime de soi. L'effet bienfaisant ressenti provient, entre autres, des endorphines libérées par notre corps, pendant et peu après l'exercice. Ces hormones sont en quelque sorte des drogues naturelles circulant dans notre cerveau et agissant comme des récompenses pour les activités accomplies qui sont bonnes pour nous. L'état de relaxation qui s'ensuit dure plusieurs minutes et est très profitable à la concentration.

Pour que l'enfant aux prises avec le déficit de l'attention bénéficie des avantages prouvés de l'activité physique, il importe de garder à l'esprit que le mode de vie sédentaire qui prédomine actuellement est néfaste. Par ailleurs, on serait tenté de croire que l'enfant hyperactif dispose d'un surplus d'énergie qu'il doit dépenser. La réalité est tout autre. Le fait de bouger est plutôt pour lui un moyen de rester vigilant, de lutter contre la monotonie. On pourrait le comparer à un conducteur qui doit poursuivre sa route la nuit et qui lutte contre le sommeil. Bouger et s'agiter gardent l'esprit plus éveillé. Les difficultés de freinage éprouvées font qu'il est difficile pour l'enfant de résister à cette impulsion, même s'il risque d'être disputé par son professeur ou ses parents. Il ne sert à rien de lutter contre cette impulsion. Il est plus profitable de lui donner des occasions de s'exprimer de manière acceptable, par exemple en limitant la durée des périodes d'immobilité (les repas, entre autres) et en incluant des périodes fréquentes pour bouger.

Il importe aussi, pour le professeur ou le parent, de décider ce qui est le plus important à un moment précis. Certains parents toléreront, par exemple, que leur enfant se déplace ou saute dans sa chambre pendant qu'il mémorise ses tables de multiplication. Pour un enfant qui ne peut s'empêcher de bouger, le fait de demeurer immobile pendant qu'il fait quelque chose d'aussi ennuyeux que d'apprendre une leçon par cœur peut, en effet, se révéler difficile. C'est alors lui demander de travailler deux fois plus fort qu'un enfant qui n'est pas hyperactif. Pour ce dernier, l'effort demandé ne consiste qu'à mémoriser sa leçon, alors que pour l'autre, il s'agit de se maîtriser ET de mémoriser. Il importe toutefois que les mouvements de l'enfant demeurent centrés sur la tâche, sans contribuer à l'en distraire.

Au-delà de la culture et de l'apprentissage, l'enfant aurait intérêt à quitter le sous-sol, à mettre de côté Nintendo et ordinateur pour renouer avec un univers que nous avons, jadis, connu et aimé. Cet univers nous a permis de garder notre esprit en santé, tout en évacuant les frustrations et en dépensant le surplus d'énergie qui fait partie intégrante de la condition des jeunes.

L'APPROCHE MULTIMODALE

L'intervention multimodale consiste à faire appel à divers moyens pour venir en aide aux enfants qui souffrent du trouble déficitaire de l'attention. Nous considérons donc une approche pharmacologique combinée à une ou plusieurs autres méthodes, soit psychosociales ou comportementales.

Une recherche d'envergure a été menée par le National Institute of Health aux États-Unis en 2000. Durant 14 mois, 579 sujets ont été évalués. Il s'agissait principalement de garçons âgés de sept à neuf ans, tous souffrant du TDAH, qui ont été répartis en quatre groupes.

Les garçons du premier groupe ne recevaient que les services offerts dans leur milieu, aucune approche particulière sur le plan psychosocial n'avait donc été prévue pour eux. En revanche, parmi ces garçons du premier groupe, 70 % ont reçu une prescription de Ritalin.

Le deuxième groupe a été uniquement soumis à un traitement de Ritalin. Les enfants devaient prendre la médication sept jours par semaine, à raison de trois doses par jour.

Pour le troisième groupe, seule une intervention psychosociale était prévue, basée sur la thérapie comportementale (béhavioriste), dont les principaux fondements seront décrits un peu plus loin. Ce traitement prévoyait des rencontres hebdomadaires avec les enfants et leurs parents pour une période de six mois. Ces interventions visaient essentiellement à donner des outils d'encadrement, non seulement aux parents, mais aussi au milieu scolaire. Ainsi, les enseignants participaient aux rencontres et recevaient la visite d'éducateurs spécialisés. Les enfants, quant à eux, participaient à des séances portant principalement sur les habiletés sociales, le rendement scolaire ainsi que l'obéissance.

Le quatrième groupe a été soumis à un traitement combiné, c'est-à-dire à une intervention de type psychosocial (comme pour le troisième groupe) et un traitement pharmacologique (comme pour le deuxième groupe).

Les résultats de cette recherche ne mentent pas. L'approche combinée remporte la palme sans équivoque. En ce qui concerne le fonctionnement global des enfants, c'est le quatrième groupe qui l'emporte.

Dans le traitement des symptômes primaires du TDAH, la médication seule et l'approche combinée donnent de meilleurs résultats que les deux autres méthodes. De plus, les enfants du quatrième groupe, celui de l'approche multimodale, ont reçu des doses de Ritalin inférieures à celles du groupe qui recevait uniquement le médicament. En définitive, une méthode psychosociale permet donc à l'enfant de maintenir la médication à une dose minimale.

Il nous faut toutefois demeurer critiques par rapport à ce genre d'études, car il s'agit d'interventions soigneusement choisies. Ces approches ne sont pas nécessairement réalisables dans tous les milieux. En effet, il est triste de constater que les parents peu scolarisés et à faible revenu sont moins enclins à participer à ce genre de recherche. Ce sont les parents de la classe sociale favorisée qui collaborent le mieux. Néanmoins, les résultats sont éloquents, car l'approche multimodale s'avère plus complète et donne de meilleurs résultats à long terme. Les enfants peuvent tirer profit de tous les avantages qu'elle comporte.

Certaines conditions sont par ailleurs nécessaires pour assurer la bonne marche et la continuité avec l'approche multimodale. La méthode combinée requiert l'intervention de plusieurs personnes auprès de l'enfant et nous ne pouvons qu'insister sur l'importance de la concertation entre ces personnes. La coordination du travail de chacun doit être une priorité. Si l'intervention multimodale prévoit une médication, il est essentiel que le médecin communique avec les intervenants psychosociaux afin de leur transmettre tous les éléments. Dès lors, le suivi médical devient aussi important parce que la dose du médicament doit être régulièrement ajustée. Seul un médecin spécialisé dans le domaine peut et doit veiller à ce que le jeune prenne une dose qui est optimale pour lui.

Le soutien aux parents peut s'avérer tout aussi déterminant dans la réussite de cette approche. Ainsi, des rencontres de groupe, des séances d'information, des consultations individuelles ainsi que des services-conseils prennent la forme d'une assistance pour les parents et permettent leur intégration active dans le processus. Les enseignants doivent aussi y prendre part, car ils doivent mettre en place un système de gestion de classe adapté aux difficultés particulières que manifestent ces jeunes. Cela peut se faire dans le cadre d'une formation précise. Finalement, l'enfant lui-même a la possibilité de bénéficier de rencontres individuelles avec un professionnel afin d'assimiler de nouvelles connaissances en ce qui concerne son propre comportement.

De toute évidence, cette approche peut s'avérer coûteuse en ce qui concerne les ressources financières et humaines. En revanche, si rien n'est fait, l'enfant grandira avec les conséquences de ses limitations. Nous l'avons vu, la clé du succès se trouve dans la communication et la concertation entre les intervenants de tous les milieux. Les interventions psychosociales ont pour objectif d'amener le jeune ainsi que son milieu à accepter son déficit, à apprendre à en connaître les limites pour qu'il devienne un adulte plus épanoui et mieux intégré socialement, qu'il puisse développer des stratégies pour composer avec ses limites et, au besoin, recevoir du soutien pour préserver une image positive de lui-même. Le suivi n'est pas une affaire de semaines ou de mois. Cet encadrement doit se poursuivre tout au long de la vie scolaire de l'enfant, probablement jusqu'à l'âge adulte. Cependant, les rencontres n'ont pas à se dérouler chaque semaine : ce sont plutôt les besoins de l'enfant et de son entourage qui en indiquent la nécessité. Les débuts d'année scolaire, par exemple, sont souvent des périodes critiques, car l'enfant doit s'ajuster à un nouvel enseignant et se faire connaître auprès de lui.

LA THÉRAPIE COMPORTEMENTALE

Nous abordons ici une section qui pourrait très bien faire l'objet de plusieurs livres à elle seule. La thérapie comportementale est un sujet vaste, complexe et grandement documenté. Depuis plus de 75 ans, en débutant avec le réflexe pavlovien, en passant par les recherches du professeur Skinner jusqu'aux nouvelles thérapies cognitivo-comportementales (béhavioristes), des millions de personnes ont adopté des techniques modifiant essentiellement un comportement. Avec l'aide d'un thérapeute compétent, l'individu apprend à reconnaître certains de ses agissements et à en modifier délibérément le fonctionnement.

Approche comportementale

Le but de la thérapie comportementale proprement dite est de modifier les facteurs de déclenchement et de maintien des perturbations du comportement. En d'autres mots, il s'agit d'arriver à assumer une saine gestion de ses actes et de ses gestes, de redonner l'autonomie nécessaire à l'individu pour y parvenir. Au sens large, nous pourrions affirmer que le point de départ de toute thérapie est la souffrance. Dans le cas qui nous occupe, il s'agit bien sûr de comportements inadéquats. Mais la souffrance fait aussi partie du quotidien de l'enfant qui est aux prises avec un trouble déficitaire de l'attention. Elle prend la forme des reproches qu'il reçoit régulièrement de ses parents ou de ses enseignants, du rejet dont il est victime de la part des autres enfants qui le trouvent trop dérangeant, ou bien du découragement qu'il vit à l'égard de ses résultats scolaires décevants.

L'approche comportementale d'un problème comporte quatre étapes distinctes : l'analyse, la définition de l'objectif, le programme du traitement et l'évaluation du traitement. L'analyse consiste à définir le problème, à le circonscrire, à en clarifier les symptômes et les manifestations. Il s'agit également de reconnaître les éléments dans l'environnement qui font qu'un comportement négatif donné se maintient. Ainsi, un garçon qui bouscule souvent les autres peut simplement avoir peur d'être rejeté et cela le rend anxieux et maladroit. Chaque comportement et chaque situation doivent être analysés avec soin, sans préjugé, car chaque enfant est unique et sa façon de réagir ou d'agir l'est tout autant.

Le problème doit être circonscrit de manière concrète, en fonction de comportements et non pas de traits de personnalité. Cela n'aide pas un enfant que de lui dire qu'il est têtu ou qu'il n'écoute jamais ce qu'on lui dit. Il faut plutôt faire ressortir que l'enfant est souvent en retard pour l'école et que son père lui crie après lorsqu'il écoute la télé le matin au lieu de se préparer. Évidemment, cela peut s'avérer ardu car il existe tellement de facteurs susceptibles d'influencer le comportement de l'enfant. Il importe donc de clarifier les circonstances entourant l'apparition du problème. Mais cela représente également un défi de taille. Les symptômes ne sont pas toujours clairs et c'est pourquoi l'approche comportementale s'intéresse à ce qui est observable, et non pas aux motivations inconscientes des enfants. Afin d'être plus efficaces, nous pouvons recourir à des mesures qui soient les plus objectives possible : fréquence d'un comportement, questionnaires, etc.

Une compréhension en termes comportementaux d'un problème donné stipule qu'un stimulus (la somme des antécédents) engendre une réponse particulière (c'est-à-dire un comportement à problème). Les antécédents se divisent en deux types : historiques et immédiats. Les antécédents historiques font référence aux arguments biologiques (hérédité), aux facteurs sociaux et familiaux. Les antécédents immédiats, quant à eux, nous ramènent à l'état physique de l'enfant concernant ce qui se passe maintenant, dans son entourage, à l'école, à la maison. Même si l'expression est contradictoire, elle signifie que le thérapeute tentera de préciser les facteurs qui influencent le comportement de l'enfant, mais qui se déroulent au présent. Finalement, le comportement problématique sera déterminé en tenant compte des conséquences pour le jeune et pour son entourage.

L'approche comportementale peut être appliquée par des parents qui en comprennent les principes. Le plus souvent cependant, elle se fait dans un cadre thérapeutique lors d'une consultation entre les parents et un intervenant. On retrouve alors au cœur de ce cheminement une relation thérapeutique. Dans toute démarche personnelle visant le mieux-être, s'installe l'échange entre le patient et son thérapeute. Les deux individus s'aident mutuellement à résoudre le problème. Il y a nécessairement égalité entre eux. Dans ce travail de collaboration, la détermination du patient est d'une importance capitale si l'on souhaite que l'entreprise soit couronnée de succès. L'enfant doit s'investir dans le processus avec le thérapeute. Les plus jeunes enfants réussissent généralement à établir un bon contact et à collaborer facilement. Par contre, les plus âgés sont souvent plus réticents, car la confiance qu'ils avaient en leurs parents n'existe plus. Ceci s'explique du fait qu'ils ont parfois reçu des reproches ou des blâmes à répétition de la part de leurs parents. Ces derniers vivaient possiblement alors un immense sentiment d'impuissance et n'ont pas su réagir autrement qu'en en faisant porter le fardeau à leur enfant. L'attitude des parents à l'égard de la thérapie sera donc déterminante. Ils devront accompagner leur enfant dans cette démarche pour ainsi apporter leur contribution.

LA COGNITION COMME COMPLÉMENT INDISSOCIABLE AU COMPORTEMENT

Les colères de l'enfant : exemple d'intervention cognitivo-comportementale

Les enfants qui souffrent d'hyperactivité présentent souvent une impulsivité qui les rend plus sujets aux crises de colère. Par exemple, ils réagissent de manière colérique s'ils se font refuser quelque chose ou encore s'ils perdent au jeu. Ces crises sont souvent difficiles à gérer pour les parents. Par ailleurs, les bienfaits de la thérapie comportementale seront profitables dans la gestion des crises de colère.

Les premières interventions surviennent avant même que la colère n'arrive. D'abord, il importe de s'assurer que les comportements positifs d'un enfant soient reconnus et soulignés. C'est ce qu'on appelle le « renforcement positif ». L'enfant à qui on demande de ramasser sa chambre et qui ne fait que ramasser trois jouets sera vexé et voudra moins collaborer la prochaine fois si l'on ne souligne pas son effort. Aussi, la réaction du parent au comportement négatif d'un enfant doit être proportionnelle au comportement lui-même, sinon l'enfant n'enregistre que le fait qu'il est une source d'ennuis pour ses parents. Un enfant qui ne sent pas qu'on le trouve bon a moins de chances d'écouter ce qu'on lui dit. La colère excessive d'un parent est toxique, alors que l'absence de réaction peut lui laisser croire qu'il a tous les droits. Un enfant a besoin de limites, de limites claires, plus encore s'il a un déficit de l'attention. Par contre, le parent doit s'attendre à ce que le respect de ces limites demande un effort à l'enfant en raison de ses limitations, qui sont réelles.

Les parents disposent d'une autre ressource pour faire face à la colère de leur enfant : leur expérience passée avec lui. Les enfants font souvent des crises dans des situations semblables. En sachant cela, le parent peut trouver avec l'enfant une solution durable, acceptable pour chacun. On ne s'attend pas à ce qu'il aime ramasser sa chambre, mais on peut négocier avec lui une manière de le faire qui lui sera moins pénible ou encore une récompense suffisamment motivante.

La connaissance qu'ont les parents de leur enfant leur permet aussi de reconnaître les indices qui annoncent une crise prochaine. Ils doivent alors réagir en quelques secondes pour aider leur enfant à vivre la frustration. L'approche la plus efficace et la plus simple est par contre la moins évidente pour la plupart des parents : il s'agit en quelque sorte de plaindre l'enfant pour la frustration qu'il doit accepter. Cet enfant qui veut un biscuit avant le repas n'est pas chanceux! Il ne pourra l'avoir et il devra en faire son deuil. Chose certaine, ce n'est pas en criant après lui, en étant rigide qu'on l'aidera. Car, alors, non seulement il n'aura pas son biscuit, mais en plus il se sentira seul et incompris. Par contre, si le parent lui dit «non» d'une manière qu'il sent pleine de sympathie, il a plus de chances de repartir déçu, mais sans faire de crise.

Cette intervention est facile à décrire, mais ô combien difficile à appliquer par les parents, car elle implique qu'eux-mêmes maîtrisent leur réaction émotive, leur colère. Or, il se peut que l'enfant ait déjà fait trois crises dans la journée, qu'il ait insulté ses parents et que ces derniers aient par conséquent déjà accumulé leur lot de colère au moment où l'enfant fait sa demande. De plus, les parents craignent généralement que leur enfant devienne geignard ou chialeur s'ils le plaignent. Mais c'est plutôt le contraire qui se produit, car l'enfant qui geint est souvent un enfant qui ne se sent pas entendu. En tant que parent, on n'a qu'à garder en tête que l'intensité de la crise d'un enfant à la suite d'une frustration est proportionnelle à sa déception, et non pas à son habileté manipulatrice. Il est alors plus facile de le plaindre. Cependant, on ne doit pas feindre notre sympathie envers l'enfant. Il le sentirait et en serait insulté, et par conséquent deviendrait moins enclin à se calmer.

Cette intervention ne permettra pas d'éviter toutes les crises, mais elle devrait en réduire la fréquence et leur intensité. Toute crise en moins est une occasion en plus de renforcer le lien d'amour avec son enfant. Si la crise survient, il est trop tard. On se contente alors de limiter les dégâts. Une façon de le faire est de mettre l'enfant en retrait, de l'empêcher de blesser et de détruire. On attend qu'il se calme. Rien ne sert de demander à un enfant d'être raisonnable, d'être patient et de comprendre : il n'en est plus capable. La partie raisonnable de lui, son lobe frontal, est désactivée et c'est le système limbique, responsable des émotions, de la survie de l'individu, qui est aux commandes. Si l'on insiste trop, l'enfant voit son parent comme une menace à son équilibre. Il faut donc attendre suffisamment longtemps pour que non seulement les signes extérieurs de colère aient diminué, mais que l'état d'activation physiologique interne qui accompagne la colère soit calmé. Cela peut prendre de quarante-cinq minutes à une heure. On croyait auparavant qu'il fallait réagir vite pour parler avec l'enfant de l'objet de sa crise. Que si l'on attendait trop, il oublierait sa colère. Or, il n'en est rien, au contraire même. Il redevient ouvert à la discussion, à la condition qu'elle ne soit pas uniquement constituée de blâmes. La question n'est pas non plus de demander à l'enfant pourquoi il a fait une crise : il faut plutôt que parents et enfant échangent sur ce qu'il est possible de faire pour que cela ne se reproduise plus. On peut aussi parler de conséquences négatives, d'une punition. Idéalement, celle-ci devrait être une forme de réparation pour les torts causés. Par exemple, rendre un service à un frère qu'il a insulté ou blessé. Pendant cette période d'accalmie, il est aussi possible de mettre des mots sur les émotions vécues de part et d'autre afin que l'enfant obtienne une meilleure compréhension de ses réactions émotives. À la longue, cette connaissance, ainsi que le lien de sécurité affective qui est préservé avec ses parents, lui permettra de développer de meilleurs moyens pour gérer sa colère.

Il n'existe pas de solution rapide et facile. L'approche décrite ci-dessus au fil des années aidera enfants et parents. L'enfant hyperactif est malheureusement moins bien équipé en termes neurologiques pour enregistrer les conséquences négatives associées à ses comportements. Il aura tendance à blâmer les autres pour ses erreurs.

Aider un enfant hyperactif est un travail de longue haleine. Il a besoin de limites claires, de conséquences prévisibles, constantes et proportionnées. Pour le parent, ses demandes seront plus respectées s'il les formule en termes positifs (« parle doucement », par exemple) plutôt qu'en termes négatifs (« arrête de crier »). Enfin, parce qu'ils vivent tant de frustrations et de difficultés, les enfants hyperactifs avec un déficit de l'attention ont aussi besoin d'avoir du plaisir. Rire avec ses parents permet de réparer tellement de blessures qu'on s'inflige mutuellement au quotidien. Il s'agit de la meilleure protection pour conserver un solide lien d'attachement parent–enfant. Au besoin, les chatouillements sont une façon rapide et facile d'aider un enfant à s'endormir paisiblement après une discussion sérieuse avec ses parents. Les professeurs, les psychoéducateurs, les orthopédagogues et les autres intervenants ont tout intérêt à sensibiliser l'entourage au sujet de ce trouble de comportement. Leur rôle est d'aider l'enfant troublé à s'intégrer au groupe et à améliorer son estime de soi. Le jeune est un être humain à part entière, avec ses forces et ses faiblesses. Il doit être considéré dans sa globalité, malgré ses comportements qui peuvent paraître destructeurs aux yeux de son entourage. Dans tous les cas, la concertation entre les différents intervenants est primordiale. De plus, la médication doit faire l'objet d'un suivi régulier. Les troubles de comportement dureront probablement jusqu'à l'adolescence, et possiblement même jusqu'à l'âge adulte. Les adultes qui côtoient l'enfant seront plus efficaces et compétents s'ils possèdent une bonne compréhension de la problématique.

Par ailleurs, un grand nombre de jeunes souffrant du trouble déficitaire de l'attention éprouvent aussi des problèmes sur le plan de la socialisation. Le jeune qui présente un déficit de l'attention vit davantage un retrait social, c'est-à-dire qu'il se montre peu enclin à aller vers les autres, semblant plutôt se complaire dans la solitude. D'autre part, les impulsifs et les hyperactifs vivent souvent un rejet social en raison de leur comportement fougueux et parfois agressif, et de leur propension à poser des gestes inadéquats faisant en sorte que leurs pairs sont souvent peu intéressés à s'associer à eux.

L'enfant qui souffre du TDAH doit apprendre de nouvelles stratégies afin d'interagir adéquatement avec les autres. Un travail sur le plan des habiletés sociales, peu importe le type du trouble du déficit de l'attention, est souvent pertinent. Ce travail peut se faire de façon individuelle, par des mises en situation, ou à l'aide de techniques de modification du comportement. Quel que soit le moyen utilisé, les interventions doivent viser une meilleure compréhension des interactions sociales et de leurs conséquences, positives comme négatives, de même qu'un apprentissage de comportements sociaux adéquats, et ce, dans tous les milieux de vie du jeune.

SUR LES CHEMINS DE LA COGNITION

Le terme « cognition » peut effrayer bien des gens. Le développement cognitif fait référence à la fonction de l'intelligence dans sa globalité. En revanche, lorsqu'il est question de thérapie cognitive, celle-ci est souvent incluse dans la grande famille du comportement. Il s'agit en fait d'intervenir auprès des pensées du sujet qui participent aux comportements problématiques qu'il présente. Le domaine d'application de ce genre de thérapie est vaste. Il peut convenir à des patients souffrant de problèmes d'anxiété de même qu'à ceux qui sont obsessifs–compulsifs ou qui présentent des troubles de comportement.

Du point de vue de l'estime de soi et des pensées positives, il serait intéressant d'observer un exemple de schéma cognitif

LES SOLUTIONS À LA MÉDICATION

typique : une personne anxieuse attend au restaurant un ami qui est en retard d'une trentaine de minutes. L'inquiétude commence à la ronger. Dans un tel contexte, des choix se présentent et il revient à la personne de s'arrêter sur celui qui lui paraît plausible. Parmi ceux qui pourraient s'offrir à elle :

-   « Mon ami s'est trompé d'heure parce que je la lui ai mal indiquée. »
-   « Mon ami a oublié parce qu'il ne s'intéresse pas vraiment à moi. »

-   « Mon ami a été frappé par une voiture et il sera paraplégique pour le restant de ses jours. »

Par contre, l'éventualité la plus réaliste ne s'imposera pas à cette personne, c'est-à-dire que son ami ait été retardé au travail. Les pensées de la personne anxieuse présentent un biais, une tendance à s'orienter toujours vers la catastrophe. De telles transformations systématiques de nos pensées, de nos façons d'interpréter les événements, existent pour tous les comportements problématiques. L'approche cognitive a donc pour objectif de modifier ces comportements en transformant les pensées qui leur donnent naissance.

Dans le cas de l'enfant hyperactif, il peut avoir une perception erronée de lui-même. On sait par exemple que ces enfants ont tendance à surévaluer les avantages d'un comportement donné, par exemple d'accepter la cigarette qu'un autre enfant lui tend, et à minimiser les conséquences négatives à long terme, comme pour leur santé ou bien la déception de leurs parents. Ces distorsions de leurs pensées, de leurs croyances toujours dans le même sens, sont ce qu'on appelle un « biais cognitif ». Elles contribuent à ce que ces enfants soient plus à même de développer des comportements à risque à l'adolescence (alcoolisme, toxicomanie, délinquance).

L'enfant hyperactif ou qui présente un déficit de l'attention peut ressentir que ses pensées, l'image qu'il a de lui-même, sont toujours dirigées vers ce qui est négatif. Il en résulte une faible estime de soi et un malaise de vivre perpétuel. Les affirmations de cet enfant refléteront une tendance à la distorsion. Par exemple, il dira que les autres le trouvent mauvais ou idiot. Il exagérera la situation en disant que «de toute façon, ça ne va pas marcher». De plus, l'enfant généralisera à souhait: «Les profs sont tous des cons!» Il cherchera (et trouvera!) des indices qui confirment ce qu'il pense: «Il ne m'a pas adressé la parole, tu vois, il ne m'aime pas.» Finalement, il pourra tantôt croire que tout est sa faute alors qu'à d'autres moments, il ne verra pas ce qui dépend de lui dans une situation donnée.

Les parents présentent eux aussi des biais cognitifs. Il peut leur être difficile de comprendre et d'accepter au quotidien les limites de leur enfant. S'il oublie ce qu'on lui dit, ce n'est pas parce qu'il est têtu, mais parce que ce type d'information est facilement écrasée par d'autres, plus attrayantes pour lui. Par exemple, un parent peut envoyer son enfant se brosser les dents, et le retrouver quelques secondes plus tard en train de jouer dans le couloir avec une balle. En voyant la balle au sol, sur le chemin de la salle de bain, l'enfant a suspendu la consigne qui lui a été donnée et il n'a pu s'empêcher de jouer. Il est évident que les parents d'un enfant avec un déficit de l'attention doivent beaucoup s'adapter à lui, plus que lui-même ne peut le faire à son environnement. Une façon d'aider cet enfant à suivre les consignes peut être de lui demander de répéter la directive avant de le laisser partir. On pourrait aussi lui fournir un indice visuel, par exemple une carte plastifiée où toute sa routine du matin est inscrite et qu'il n'a qu'à cocher chaque étape lorsqu'elle est terminée. Il pourrait ainsi obtenir du temps de télévision ou une activité spéciale avec le parent.

Il est souvent difficile pour les parents d'accepter la limitation que présente leur enfant. Ils ont un travail de deuil à faire. Toutes ces formes de distorsions font partie de l'univers cognitif du sujet souffrant. La thérapie cognitive étudiera ces schémas de pensées et ces croyances qui poussent l'individu à sombrer dans un modus operandi destructeur. La thérapie aura alors pour but de restructurer ces schémas. Il s'agit de reconnaître, de définir et d'expliquer clairement les pensées négatives, les tendances à la distorsion ainsi que les courants de pensée qui mènent inévitablement le sujet à s'enfoncer dans un gouffre. Par la suite, ces pensées seront réévaluées et éliminées des schémas cognitifs du sujet. De nouveaux comportements découleront alors de ces schémas de pensées modifiés.

Voici quelques exemples de stratégies cognitives visant à aider le jeune à moduler par lui-même son attention:

Signal visuel ou auditif

Il s'agit de l'émission d'un signal à intervalle variable afin de récupérer l'attention de l'enfant. En effet, lorsqu'il entend ou voit le signal, il est en mesure d'évaluer s'il est concentré ou non.

«Autoenregistrement»

Toujours en réponse au signal, l'enfant note sur une feuille s'il est concentré ou non. Aucune sanction ou punition n'est prévue, mais l'exercice vise à conscientiser l'enfant sur son attention.

Autoévaluation

Il s'agit d'une façon pour le jeune de poser un regard sur son propre comportement et de l'évaluer lui-même. Cette méthode peut aussi porter sur sa compétence et son attention.

«Autoconsigne»

L'enfant a la possibilité de se donner lui-même des outils pour faciliter l'organisation de son temps et de ses ressources.

«Autoattribution»

Ici, l'enfant porte un jugement sur l'influence qu'il peut avoir dans l'exécution d'une tâche. Il s'accordera une note de succès ou d'échec selon le cas.

«Autorenforcement» ou «autopunition»

En se fixant des objectifs, l'enfant peut y attacher une récompense ou une sanction selon le résultat obtenu. Ainsi, le but à atteindre est établi en fonction de ses propres évaluations par rapport à son comportement ou à son résultat.

L'estime de soi

L'estime de soi n'est pas une stratégie pour traiter un déficit de l'attention. C'est plutôt une dimension qui existe chez toute personne, avec ou sans comportement problématique. Il s'agit en fait du jugement, pour chaque seconde, que la personne porte sur elle-même par rapport à sa propre valeur. Suis-je bon? Suis-je belle? Suis-je aimable? Ce résultat change avec le temps en fonction des succès et des échecs rencontrés, tout en cristallisant également une image de soi, en général. «Je ne suis pas bon en maths.» «Personne ne m'aime.» «Je suis bon dans le sport.» En raison des échecs nombreux qu'ils vivent, les enfants souffrant du TDAH ont habituellement une très faible estime de soi. En effet, plus que les autres enfants, ils perdent leurs mitaines, se font réprimander en classe, déçoivent leurs parents. Il importe donc de trouver des moyens pour éviter que l'estime de soi de ces enfants ne devienne trop négative. D'une part, une image de soi négative est souffrante, pénible à vivre. D'autre part, elle peut motiver des comportements négatifs qui en sont l'expression directe ou encore des moyens de compensation. L'enfant qui se sent incompétent évitera de participer à des activités. Mais s'il ne pratique pas, il ne pourra devenir bon. Un autre qui se sent rejeté pourra terroriser des plus petits que lui ou bien se montrer impoli avec son professeur.

Heureusement, il existe diverses interventions pour les parents pour favoriser le développement d'une forte estime de soi chez leur enfant.

- La plus importante, et celle qu'on oublie le plus souvent, est de réagir de façon mesurée aux erreurs de notre enfant. Rien ne sert de dire à son enfant qu'il est bon quand il réussit si, lorsqu'il se trompe, on crie après lui ou qu'on est exagérément déçu.
- Les marques d'affection et d'attention ainsi qu'une présence chaleureuse contribuent à augmenter le sentiment de sécurité.
- Des limites claires et précises permettent à l'enfant de se sentir en sécurité dans son « périmètre ».
- Il faut assurer le respect de ces limites, tout en considérant des sanctions réalistes et équitables.
- Reconnaître et valoriser les forces de l'enfant, même lorsqu'il se trompe.
- Encourager la persévérance plutôt que la réussite.
- Valoriser l'ouverture d'esprit.
- Enseigner à son enfant comment accepter l'erreur ou la défaite, et l'art d'accepter nos propres erreurs.
- Exprimer nos émotions de manière claire, sans blâmer l'autre.

- Si l'enfant doit faire quelque chose qui lui semble trop difficile, l'assister et y aller progressivement. Tout d'abord, il commence par quelque chose de très, très facile, puis le degré de difficulté est augmenté très lentement. Par exemple, on fait marcher à côté de son vélo un enfant qui refuse qu'on enlève ses petites roues.
- Confier à quelqu'un d'autre les apprentissages qu'on n'arrive pas à faire faire à son enfant sans se fâcher. Par exemple, qu'un adolescent du voisinage aide aux devoirs quelques jours par semaine.
- Si notre enfant vit des difficultés répétées, à l'école notamment, nous assurer qu'il y ait toujours une activité suivante dans laquelle il se sent bon (le sport, la musique, ou autre).
- Bien choisir les mots qu'on emploie. Personne ne peut se sentir compétent quand il est insulté.
- Prendre un temps de réflexion, une distance lorsqu'on est trop en colère.
- Et, plus important que tout, avoir réellement du plaisir avec son enfant.

Le fait de connaître ses forces comme ses faiblesses constitue la base d'une perception positive de sa personne. Un enfant qui se connaît bien pourra anticiper la réussite autant que les difficultés qu'il rencontrera. En aucun temps, les erreurs ou les obstacles auxquels il doit faire face ne devraient provoquer une remise en question de sa valeur personnelle.

La motivation constitue, quant à elle, le moteur de tout projet créateur, donc une source de vie. Il s'agit d'un fil fragile qui réunit un désir et un succès. En tant que parent, on ne la maîtrise pas, mais on peut la détruire. L'enfant motivé pourra anticiper le plaisir qu'il retirera d'une activité ou d'une entreprise avant de la commencer. En dépit de ses erreurs, il devra persévérer pour apprendre, entre autres, à trouver de nouvelles stratégies pour parvenir à ses fins. Cela sera possible uniquement s'il ne s'arrête pas après l'échec.

Seul un contexte d'encouragement, de réussite et de reconnaissance peut nourrir la motivation. Si l'enfant subit trop de pression parentale ou s'il reçoit des critiques trop sévères de la part de ceux qu'il aime le plus au monde, il y a de fortes chances qu'il perde sa motivation et que sa perception de sa propre valeur soit altérée. Un bel exemple se trouve dans les arénas municipaux, où se déroulent régulièrement des scènes d'horreur mettant en scène des parents trop motivés. On peut les voir engueuler d'autres parents, insulter les arbitres, braver les entraîneurs (qui sont très souvent d'autres parents) et même, pire que tout, s'en prendre à d'autres petits joueurs de hockey ! Dans ces lieux, le stress de performance devient parfois tellement accablant que l'estime de soi du jeune en prend tout un coup. Le plaisir de jouer s'en trouve alors fort diminué.

Dans la poursuite de ses activités, l'enfant devra réaliser le lien qui existe entre ses capacités (intellectuelles, sociales ou physiques), les stratégies et les moyens qu'il utilise pour arriver à ses fins ainsi que les résultats qu'il obtient. La réussite ne survient pas par magie, ni grâce à l'aide d'un adulte qui fait le travail à sa place. L'enfant doit prendre conscience de ses aptitudes et en être fier. Un tel cheminement lui permettra de profiter d'une estime de soi pleinement satisfaisante. Son besoin de compétence sera par le fait même comblé. Plus il réussira ce qu'il entreprend par ses propres moyens, plus il aura confiance en lui, plus sa motivation sera appréciable, plus il sera fier et persévérant.

Quant à la confiance, elle prend sa source dans une sécurité de base et se consolide quand les adultes sont présents et tiennent leurs promesses. L'enfant peut tolérer un délai entre son désir et sa satisfaction s'il a déjà pu constater que les adultes tiennent leurs promesses et qu'il obtiendra satisfaction. Les adultes sont alors perçus comme fiables, sécurisants et dignes de confiance. C'est à cette condition que l'enfant en vient à intérioriser la confiance qui lui donne de l'espoir par rapport à l'avenir. Le sentiment de confiance se manifeste chez l'enfant par des états de détente, de bien-être et d'optimisme. Par contre, pour que l'enfant parvienne à ce sentiment, les parents doivent d'abord se faire confiance eux-mêmes pour transmettre cette attitude — contagieuse — à leurs enfants. Il est donc important que les parents et les enseignants gèrent leur stress convenablement et diminuent leurs appréhensions quant à leurs propres capacités éducatives afin de transmettre aux enfants un sentiment de sécurité et de confiance. Ainsi, les adultes doivent s'occuper d'eux-mêmes pour que les jeunes puissent en profiter.

Un enfant veut d'abord et avant tout être aimé, et il est prêt à tout pour y arriver, même à renier sa nature profonde. Par contre, il est impossible d'être bien dans sa peau si l'on n'est pas soi-même. L'enfant qui n'est jamais satisfait de lui, qui se critique constamment, qui détruit ses dessins, qui panique s'il n'obtient pas un «A» à l'école croit au fond de lui qu'il ne peut être aimé que s'il est parfait. Les adultes autour de lui n'exprimeront pas toujours clairement cette exigence, mais ils sont eux-mêmes perfectionnistes, intransigeants envers eux et envers les autres. L'enfant conclut qu'il est toujours en deçà de ce qu'on attend silencieusement de lui. Cet enfant peut développer des symptômes reliés au stress (maux de cœur, de ventre, insomnie, etc.) et, surtout, des sentiments dépressifs.

On reconnaît un enfant dont l'estime de soi est faible de la façon suivante : il ne s'investit pas, c'est un enfant pour lequel on n'a pas de désirs ou d'attentes, il est toujours de trop. Il s'avère difficile de savoir qui l'on est si personne ne nous voit vraiment. Cet enfant se dira : « Il ne me sert à rien de faire des efforts, d'être gentil ou habile, puisque je n'en vaux pas la peine et que personne ne s'occupe de moi. » La majorité des enfants se retrouvent entre deux extrêmes et cherchent à se définir par la façon dont leur entourage réagit à leur personne.

Apprendre à se connaître est l'histoire d'une vie, mais cette quête commence dès la petite enfance. Portez attention à votre enfant ou à votre élève. Repérez celui ou celle qui vous cause le plus de soucis. Faites l'effort de le décrire à un autre adulte en ne soulignant que ses qualités, que ses forces et ce qu'il révèle de plus beau. Seriez-vous en mesure de lui trouver trois qualités ? Cinq qualités ? Peut-être que oui, mais peut-être aussi que cela sera difficile parce que ce sont plutôt ses défauts ou ses difficultés qui vous viennent immédiatement en tête.

L'éducation que nous avons reçue a mis l'accent sur le péché, les lacunes et les fautes, en nous donnant des réflexes qui se sont bien ancrés en nous. Nous remarquons volontiers les défauts de nos enfants, mais nous consacrons bien peu d'énergie à souligner leurs réussites. Les « toujours » et les « jamais » sont des mots à proscrire de notre vocabulaire. Ils enferment les enfants et les adultes dans un carcan qui les rend impuissants par rapport au changement et les prive d'un épanouissement certain.

Nous pensons que nous aimons nos enfants et nos élèves, mais nous ne prenons pas souvent le temps de regarder ce qu'ils sont plutôt que ce qu'ils font. Trouvez les forces de votre enfant, d'un élève, dans les domaines suivants : physique (force, souplesse, endurance, etc.) ; intellectuel (curiosité, jugement, mémoire, raisonnement, etc.) ; social (facilité à se faire des amis, capacité à partager, habileté à s'affirmer, etc.) ; personnel (générosité, originalité, imagination, etc.). Nous nous limitons parfois à un ou deux domaines parce que ce sont ceux que nous valorisons, mais ce ne sont pas nécessairement ceux qui décrivent le mieux l'enfant qui est devant nous.

Il ne suffit pas de voir les forces de l'enfant, il est aussi nécessaire de les souligner. Prenez le temps, avant le coucher ou juste avant d'entrer en classe, de dire à l'enfant un petit mot gentil qui lui fait comprendre que vous lui reconnaissez des forces bien à lui, qu'il est un être unique et merveilleux à bien des égards. En ce qui concerne l'éducation des enfants, à plus forte raison lorsque l'on parle de l'estime de soi, certaines paroles sont comme des caresses qui chatouillent la peau, mais il y en a d'autres qui blessent profondément.

Parler de façon respectueuse aux enfants est également important. Les petits surnoms à connotation négative, même s'ils sont dits sans agressivité, finissent par nourrir les pensées de l'enfant et lui donner le sentiment d'être différent, moins bien et moins bon que les autres. De grâce, évitons les «Bouboule» et «Petit monstre»! Nous pouvons utiliser bien d'autres sobriquets: «Trésor» et «Mon cœur». Les critiques fréquentes, les remarques cruelles, les jugements méchants sont autant de petits coups de poignard au cœur: «Mais qu'est-ce que j'ai fait pour mettre au monde un enfant aussi lent? Dépêche-toi de terminer! T'as donc pas d'allure, ôte-toi de là!» Nous pourrions tout aussi bien reformuler de la façon suivante: «Tu sembles éprouver des difficultés. Si tu as besoin d'un coup de main, fais-moi signe. On peut reprendre les exercices demain. Je t'aiderai.»

Le simple fait de reconnaître les sentiments de l'enfant lui redonne souvent confiance en lui: «Ça te fâche quand tu ne réussis pas du premier coup, n'est-ce pas?», «Ça te fait de la peine quand ton ami te laisse tomber?». Une autre façon d'éviter les escalades de violence consiste à parler à la première personne plutôt que d'utiliser le «tu». Par exemple, au lieu de dire : «Tu as encore oublié tes cahiers à l'école, tu ne suis jamais les consignes!», on peut dire : «Je suis déçu que tu aies oublié tes cahiers, je m'attendais à ce que tu les ranges dans ton sac avant que tu ne reviennes à la maison».

Soulignons la valeur personnelle de nos enfants en leur montrant concrètement à quel point nous les apprécions et les aimons. Certains parents sont cajoleurs, d'autres adorent jouer, d'autres encore aiment faire de petites surprises. L'important, c'est de trouver sa façon personnelle d'avoir du plaisir et de développer une complicité avec eux. Pour cela, il faut leur donner du temps de qualité. Sans être trop exigeants envers nous comme parents, prenons avantage de nos forces et de la façon qui nous convient le mieux pour entrer en relation et communiquer avec nos enfants. Avoir une bonne estime de soi, ce n'est pas de flatter son ego, c'est se connaître de façon réaliste avec ses forces et ses faiblesses, c'est apprécier la personne que l'on est et reconnaître sa valeur personnelle. En revanche, les parents qui exagèrent et s'exclament à chaque intervention de l'enfant, même lorsque celle-ci est carrément mauvaise, ne lui rendent pas service. Ils lui donnent des illusions que les autres lui feront perdre rapidement.

Qu'est-ce que communiquer?

La communication semble simple et facile. Elle n'implique qu'un émetteur, un récepteur et un message. En réalité, communiquer est un processus beaucoup plus complexe que nous abordons ici, dans cet ouvrage, car elle demeure l'un des outils les plus efficaces et les plus puissants pour aider tout enfant et, à plus forte raison, celui qui présente un déficit de l'attention.

Le docteur Gilles Julien a écrit «Aide-moi à te parler», un livre magnifique sur la question de la communication avec les enfants. Avant d'amorcer toute démarche visant à « prendre soin » d'un jeune souffrant du trouble déficitaire de l'attention, nous aurions intérêt à jeter un regard nouveau sur certains aspects qui paraissent anodins, mais qui sont d'une importance capitale. Tout être humain, quels que soient son type de personnalité, son bagage d'expérience, son ouverture, ses blessures, sa méfiance, sa honte, son mépris pour la race humaine, son rapport au monde, etc., a besoin d'être écouté, de s'exprimer, d'avoir une valeur aux yeux des autres. Et dans cette perspective, il va sans dire que le mieux placé pour assumer ce rôle est le parent, bien entendu.

L'histoire du petit Jonathan peut sembler unique au premier abord, mais elle est plus commune que l'on pourrait le croire. Son enseignante a du mal à tolérer ce petit de huit ans, qu'elle juge beaucoup trop agité. Il bouge constamment, dérange les camarades, intervient sans lever la main, etc. La direction de l'école, à l'insistance de l'enseignante, a recommandé aux parents de consulter un médecin afin que celui-ci prescrive du Ritalin. Pourtant, l'enfant réussit plutôt bien en classe et ne manifeste vraisemblablement pas de symptômes de troubles comportementaux. Mais on souligne avec véhémence son hyperactivité, que l'on trouve passablement dérangeante. Connaissant tout de même un peu son enfant, la mère a refusé de considérer cette option aveuglément. Elle se rend donc, en compagnie de l'enfant, chez le médecin généraliste pour discuter du problème, comme on le lui a suggéré. Visiblement sur la défensive, elle répond à toutes les questions avec beaucoup d'agressivité. Puis, peu à peu, constatant que le médecin tente simplement de cerner la situation, la mère se calme, et le médecin a pu porter attention à l'enfant.

Jonathan ne souffrait pas du trouble déficitaire de l'attention. Certes, il bougeait, manifestait de l'impatience et semblait débordant d'énergie. Mais ses résultats scolaires ne laissaient pas présager qu'il avait besoin d'une médication pour améliorer sa réussite à l'école. En définitive, le psychostimulant n'aurait guère calmé son énergie bouillonnante puisque, nous le savons, ce médicament vise d'abord à augmenter la capacité de concentration de l'individu sans nécessairement l'engourdir. Le médecin a d'abord tenté d'établir un contact privilégié avec l'enfant. Une fois son but atteint, il s'est intéressé au mode de communication que Jonathan préférait. Sa découverte avait de quoi étonner. Il s'agissait d'un enfant curieux, intelligent et sympathique. Visiblement allumé, il manifestait de l'intérêt pour un bon nombre de choses et n'avait aucune difficulté à demeurer concentré. Il était à l'écoute. Mais il bougeait, ne restait guère en place, manifestait quelques tics ici et là et le tout pouvait effectivement porter à interprétation, surtout de la part d'une enseignante surchargée et peu disponible pour l'enfant. Jonathan a même rendu visite à une spécialiste en adaptation scolaire qui a jugé inutile d'intervenir auprès du jeune.

Ces enfants hyperactifs demandent parfois une attention particulière, car ils ont tout simplement plus de mal à communiquer avec les autres. En s'adaptant à eux, en leur proposant un mode de communication qui leur convient, on parvient à les atteindre, à retenir leur attention, à leur proposer de découvrir le monde dans toute sa richesse et sa splendeur. Jonathan, comme tous les enfants, a besoin qu'on lui porte attention, qu'on s'intéresse à lui, qu'on lui montre de la compassion et de l'écoute. À la fin de la séance, il s'était fait un ami en la personne du médecin. Il échangeait, proposait d'explorer des trucs intéressants, se montrait ouvert à la vie. La mère est sortie du cabinet fort rassurée. Son inquiétude relativement aux difficultés de son fils avait disparu. Mais les choses auraient pu tourner autrement. Un médecin moins altruiste et moins à l'écoute aurait certainement pu proposer l'option pharmacologique. Pas difficile! Ritalin ou Concerta, et le tour est joué. Comme c'est souvent le cas avec les patients souffrant d'angoisse, le médecin prescrit des anxiolytiques, Ativan ou Rivotril, et les problèmes commencent. Au lieu de s'intéresser aux difficultés, on choisit l'option la plus rapide, celle de la facilité. On calme, on panse et on entretient.

En général, les enfants adorent aller au restaurant. Pour les parents, cette occasion permet de leur faire plaisir, tout en se faisant généralement plaisir à eux aussi. Mais au-delà de ce plaisir, il y a la possibilité particulière d'entrer en communication avec nos enfants, de leur parler, de les écouter, de les regarder sourire et être heureux quelques instants. C'est un moment privilégié. Mais que ce soit à la maison ou au resto, la période du repas peut être sacrée pour rétablir les liens de communication entre parents et enfants, ne serait-ce que le temps de s'attabler, de déguster un bon repas et de discuter un peu de la journée, de nos joies et de nos peines, de s'informer des rêves de nos enfants, de leurs ambitions ou simplement de parler de tout et de rien.

Pour certains parents, toutefois, ce moment au restaurant avec leur enfant est surtout un temps de repos. Pas de repas à préparer, pas de vaisselle à laver, et même pas d'enfant à s'occuper : il y a une aire de jeu! Que penser alors, si ce n'est du débarras, lorsqu'une mère y amène sa fillette de huit ans et qu'elle passe la totalité des quatre-vingt-dix minutes de leur présence au resto avec l'appareil cellulaire collé à l'oreille, sans adresser le moindre mot à sa fille? C'est à se demander comment elle a fait pour commander les plats au serveur. Une telle scène — véridique et tristement constatée — ne peut que nous amener à nous demander à quoi sert d'inviter son enfant au restaurant si c'est pour l'ignorer? Si cette mère se permet ce genre d'attitude dans un endroit public, sans la moindre apparence de remords, on peut imaginer ce qui se passe à la maison, lorsqu'il n'y a pas de témoin.

Cette scène rappelle une publicité à la télévision, il y a quelque temps. Le scénario était semblable: un père invite sa fille, une jeune adulte, dans un bistrot pour le déjeuner. Le téléphone cellulaire du père sonne sans arrêt... jusqu'à ce que la fille utilise son cellulaire personnel pour appeler son père et lui dire qu'elle est là, devant lui, et qu'elle souhaite lui parler et être écoutée. Communiquer, quoi! Il s'agissait d'une campagne publicitaire qui visait à sensibiliser les parents à l'importance de la communication avec leurs enfants. De toute évidence, cette mère n'avait pas vu la publicité.

COMMENT AGIR AVEC UN ENFANT HYPERACTIF ?

Si votre enfant montre des signes d'hyperactivité, vous faites peut-être partie de ces parents qui se sentent dépassés par les difficultés qui s'ensuivent. En classe comme à la maison, il est possible d'agir différemment avec l'enfant afin d'augmenter son niveau d'attention, ou encore pour limiter son inattention. Voici quelques pratiques spécifiques qui peuvent aider les jeunes qui souffrent du trouble de déficit de l'attention.

Tout d'abord, en ce qui concerne les consignes, il faut que le tout reste simple. Il est donc préférable de se limiter à une seule demande à la fois et d'attendre qu'elle soit comprise avant de passer à une autre. Gardez à l'esprit que les demandes doivent être claires et concises. Assurez-vous que l'enfant écoute en vérifiant qu'il vous regarde bien. Au besoin, faites-le répéter.

On peut essayer d'imposer un rythme plus lent à l'enfant en l'habituant à parler moins vite. C'est le point de départ pour lui apprendre à rester concentré sur une même idée plus longtemps. Avec des exercices de visualisation, l'enfant apprendra à fixer son esprit sur une image qui inspire le calme et la lenteur. Ensuite, on lui demandera de se concentrer sur un détail particulier de cette image. En portant son regard sur un objet précis, le jeune arrivera à ne pas bouger ses yeux durant une période de temps qui augmentera avec la pratique.

D'autres méthodes peuvent être utilisées pour aider à la concentration. En effet, des recherches ont démontré que la musique de fond contribue à améliorer la stimulation intellectuelle. L'utilisation d'un chronomètre comporte aussi l'avantage de gérer le temps des devoirs. La sonnerie indique qu'il est temps de changer de tâche ou d'arrêter. Il est recommandé de varier les positions de travail pour les différentes tâches à accomplir. Entre les activités qui demandent plus de concentration, on permet à l'enfant de refaire le plein d'énergie ou d'en dépenser un peu en bougeant.

L'informatique peut s'avérer un outil fort agréable à utiliser avec des enfants qui souffrent de problèmes d'attention. Les activités intellectuelles qui sont commandées par ordinateur captent plus facilement l'attention des jeunes. Certains logiciels donnent des instructions verbales à l'enfant, ce qui constitue un avantage certain pour le motiver.

Les méthodes de mémorisation de type mnémotechnique devraient toujours être envisagées avec les enfants qui souffrent du TDAH. Apprendre par cœur est un défi de taille pour eux. Cet outil leur permettra d'accroître considérablement leur capacité à mémoriser de l'information. Il s'agit d'une technique qui fait appel à l'association. On peut associer des mots à mémoriser à une image. Par exemple, pour maîtriser le nom des planètes de notre système solaire, pourquoi ne pas apprendre la phrase suivante : « mon vieux, tu m'as jeté sur une nouvelle planète ». Ainsi, la première lettre de chaque mot représente la première lettre du nom de la planète, dans l'ordre : Mercure, Vénus, Terre, Mars, Jupiter, Saturne, Uranus, Neptune et Pluton.

Ces enfants auront probablement besoin de davantage de supervision des parents pendant les périodes des devoirs. On ne peut s'attendre, sous prétexte qu'ils développent leur autonomie, à ce qu'ils s'organisent constamment seuls. Cela leur est très difficile et on risque de leur imposer un échec. Par contre, l'intervention du parent permettra de coordonner le travail, sans le faire à la place de l'enfant. Pour cela, on peut lui proposer des marches à suivre, étape par étape, quitte à les établir avec lui. Il est très utile pour cela de fonctionner par questions plus que par consignes. Par exemple : qu'est-ce que tu dois faire ici ? De quel matériel as-tu besoin ? Quelle information as-tu pour t'aider ? Ensuite, qu'est-ce que tu fais ? Je crois qu'il y a une erreur, la vois-tu ? Les questions présentent l'avantage que l'enfant doit effectuer une partie du travail et ne peut se contenter de vous regarder faire ses devoirs, mais plus encore, elles lui permettent de développer des stratégies pour réussir seul, ultérieurement. Si l'enfant ne semble pas connaître la réponse, on le guide progressivement vers celle-ci.

Si notre patience diminue, il peut être profitable de s'approcher de lui et de lui chuchoter à l'oreille plutôt que de crier.

Idéalement, une routine prévisible facilite l'adaptation de l'enfant. Elle permet plus aisément de mettre des limites claires et précises. Par exemple, à neuf ans, on se couche à vingt heures quinze ; il n'y a pas de jeu vidéo en semaine ; le matin, on s'habille, on fait son lit et on vient déjeuner, etc. Bien sûr, l'enfant va contester ces limites, mais on s'attend à cela de lui. Et puis, surtout, on sait qu'il n'a pas encore la capacité d'organiser seul la gestion de son temps.

Il est aidant aussi d'instaurer une routine autour des devoirs. Par exemple, on demande qu'ils soient faits après le goûter et on permet à l'enfant d'aller jouer, dehors idéalement, uniquement lorsqu'ils sont terminés. Voici certaines difficultés qui peuvent être vécues lors de la période de devoirs :

Les omissions

- l'enfant n'apporte pas le bon devoir ;
- il oublie son agenda ;
- il oublie son matériel scolaire ;
- il oublie de faire signer ses travaux scolaires ;
- il oublie ses choses à la maison lors du retour à l'école ;
- il ne montre pas les consignes de l'enseignant aux parents ;
- il n'écrit pas dans son agenda.

Remettre à plus tard (procrastination)

- l'enfant a tendance à retarder le moment de se mettre au travail ;
- il met trop de temps à accomplir une tâche.

L'opposition

- l'enfant affirme que ses devoirs sont faits ;
- il veut travailler à sa façon ;
- il souhaite travailler à un autre moment.

Problèmes cognitifs

- l'enfant ne comprend pas les consignes ;
- il ne comprend pas les textes qu'il doit lire ;
- il est incapable d'apprendre ses tables en mathématiques.

Le parent qui se retrouve au cœur de toutes ces difficultés a besoin de s'armer de patience s'il est le moindrement préoccupé par la réussite scolaire de son enfant. Les conflits et les échanges animés d'arguments deviennent inévitables lorsque les tâches sont continuellement remises à plus tard ou que le travail est mal compris et mal exécuté. Avec un enfant moyen, c'est-à-dire qui ne souffre pas du déficit de l'attention, l'adulte peut bénéficier de ressources suffisantes pour maîtriser la situation, exercer une certaine discipline et s'assurer que le travail est fait. En revanche, avec un petit qui souffre du TDAH, c'est une tout autre histoire.

Il faut donc convenir avec l'enfant d'une période de temps qui sera consacrée aux devoirs. Il est possible de segmenter cette période en deux ou trois séances. L'espace de travail doit nécessairement s'avérer propice au travail intellectuel. Cela signifie que l'environnement est silencieux, bien éclairé et bien situé, et idéalement à l'abri de tout événement perturbateur. Tout le matériel requis doit aussi se trouver à portée de la main afin de limiter les déplacements au maximum.

Pourquoi ne pas établir dès le départ un plan d'attaque avec l'enfant? Planifier le travail l'aidera à structurer la démarche, exigera de lui qu'il se fixe des objectifs dont la progression pourra être vérifiée régulièrement. Plus les tâches seront subdivisées en sous-tâches, plus l'enfant aura de la facilité à les accomplir. Ainsi, une fois qu'une période est terminée, on encourage l'enfant, on le félicite et on continue. Il n'y a rien de mal à le récompenser et à lui donner l'autorisation de prendre une pause. Pourvu que, bien sûr, le moment et la durée de la pause soient convenus à l'avance de même que celui de la reprise du travail.

Les parents d'un enfant hyperactif souffrant du trouble de l'attention doivent garder à l'esprit que leur jeune a besoin de savoir ce qui se passera dans quelques minutes, dans quelques heures ou dans quelques jours. Il a besoin de repères fiables pour fonctionner de façon adéquate, car cela le rassure. En ce qui concerne les oublis, il faut recourir à des méthodes concrètes qui serviront d'aide-mémoire. Par exemple, on peut se servir d'un plan simple, dont les consignes sont écrites en gros caractères, pour indiquer à l'enfant comment remplir son sac d'école, et lui rappeler ce qu'il ne faut surtout pas oublier. Il est possible de demander à l'éducatrice du service de garde de vérifier le contenu du sac avec l'enfant.

Pour aider l'enfant à se mettre au travail plus rapidement et plus assidûment, on peut aussi recourir à la méthode du défi. Cette approche fonctionne particulièrement bien avec les plus jeunes. En s'assurant que l'enfant pourra réussir à accomplir une tâche, on lui donne plus de motivation à poursuivre avec le renforcement positif. On le félicite, bien entendu, une fois l'objectif atteint. Le défi peut consister tout simplement à lui demander d'exécuter une tâche dans un temps donné. On chronomètre le travail pour lui montrer qu'on suit l'évolution de près.

Si l'enfant s'oppose à la méthode de travail suggérée, il faut éviter de jouer sur les rapports de force et les luttes de pouvoir. Cette façon d'aborder le problème ne fera que l'accentuer. L'enfant pourra ainsi utiliser cette tactique pour attirer l'attention et retarder le travail encore plus. Dans ce contexte, il est important d'avoir une bonne communication avec l'enseignant. Il s'agit d'une façon judicieuse pour le parent d'être à jour en ce qui concerne les travaux du jeune, qui ne pourra inventer des excuses ou encore tenter de faire croire des raisons pour éviter de faire face à la situation.

Souvenons-nous que la routine est le meilleur allié de l'enfant qui souffre du trouble déficitaire de l'attention. En revanche, cela ne veut pas dire que la période des devoirs doit être monotone. Ainsi, on peut trouver des façons de diversifier l'apprentissage du vocabulaire. Pourquoi ne pas faire épeler les mots tantôt à voix haute, tantôt par écrit, tantôt en chantant?

Pour l'enseignant comme pour le parent, il est préférable d'utiliser un code non verbal pour indiquer au jeune qu'il n'est pas attentif. Par exemple, on pourrait déterminer un protocole avec l'enfant, comme mettre la main sur son épaule. Cela signifierait qu'il est temps de se mettre au travail. On pourrait utiliser quelques codes supplémentaires pour indiquer qu'on le félicite, qu'il travaille bien et qu'il devrait continuer son effort.

MON HYPERACTIF EST-IL INTELLIGENT ?

Au-delà de la discipline, les parents sont souvent préoccupés par les capacités intellectuelles de leur enfant souffrant du TDAH. Les enfants hyperactifs ne présentent pas des capacités intellectuelles réduites dans une plus grande mesure que la moyenne des enfants. L'hyperactivité ne touche pas spécifiquement l'intelligence, mais il n'est pas rare qu'elle coexiste avec un trouble d'apprentissage tel que la dyslexie.

La capacité à demeurer attentif et celle de résister aux impulsions relèvent de ce qu'on appelle les « fonctions exécutives », c'est-à-dire une catégorie d'habiletés intellectuelles qui sont impliquées dans la planification, l'anticipation et l'organisation afin d'atteindre un objectif donné. Or, éprouver une difficulté à exécuter certaines tâches, être impulsif ou facilement distrait peut s'avérer handicapant dans la vie quotidienne. Les parents peuvent avoir l'impression que leur enfant a une compréhension fort limitée tellement ses erreurs et ses oublis sont rudimentaires. Cependant, son intelligence n'est pas en cause, car il comprend ce qu'on attend de lui ; il n'est simplement pas capable de le faire de la façon demandée. Si l'on évalue ses habiletés intellectuelles, on constatera que son jugement, sa mémoire à long terme et sa vitesse de traitement de l'information peuvent très bien être normaux. Une évaluation intellectuelle peut s'avérer utile afin de préciser le profil de ses forces et déterminer les domaines qui lui sont plus difficiles. Les tests d'intelligence effraient parfois certains parents. Le quotient intellectuel (Q.I.) est investi d'une telle importance qu'il est compréhensible que les parents soient inquiets. Cependant, la neuropsychologie, une spécialisation de la psychologie qui s'attarde aux fonctions cérébrales, a grandement modifié la façon de travailler des psychologues. De nos jours, le Q.I. donne considérablement moins d'information que le profil général des forces et des limites d'un enfant. Ce profil permet de mettre en place des stratégies adaptées au style cognitif d'un enfant pour ainsi utiliser au mieux ses forces en compensant ses difficultés. Par exemple, on utilise la force visuelle d'un enfant qui comprend moins bien le langage parlé ou on fait apprendre par cœur un autre qui a une bonne mémoire, mais dont le raisonnement est plus faible.

ET SI L'AMOUR NE SUFFISAIT PAS... — L'ESTIME DE SOI

L'estime de soi ayant été abordée précédemment, nous allons maintenant approfondir notre réflexion sur l'amour parent–enfant. Dans son livre intitulé « Pourquoi l'amour ne suffit pas », la psychanalyste française Claude Halmos démontre à quel point la vision d'un amour limité aux sentiments peut avoir de graves conséquences pour les enfants. Il existe tout un mythe autour de l'amour que doit porter le parent à sa progéniture. Tout d'abord, nombreux sont les parents qui croient à l'amour inconditionnel — l'amour toujours présent, l'amour réciproque, l'amour indissociable et éternel. D'autre part, il y a aussi le mythe concernant « l'amour toujours bon ».

Or, l'amour, tout comme l'attitude du parent, peut être très toxique. Malheureusement, aujourd'hui, certains parents confondent leurs propres besoins avec ceux de leur enfant ; ils confondent désirs avec besoins; ils confondent fermeté et discipline avec méchanceté. Le père qui se confie à son fils et lui raconte ses expériences sexuelles, ses amours qui tournent mal, ses états d'âme tourmentés, a mal compris son rôle parental. La mère qui met sa fille de côté lorsqu'elle tombe amoureuse d'un homme, puis qui soudainement l'invite à dormir avec elle quand son « compagnon » se montre violent et destructeur, ne tient pas compte des besoins de son enfant. Pourtant, son hypocrisie est camouflée par une démonstration d'affection dont sa fille profitera momentanément.

Pour renforcer le besoin de sécurité et le sentiment de confiance, l'amour ne suffit pas. La confiance est une attitude fondamentale dans la vie. Elle est l'antithèse de l'anxiété, de l'angoisse et de l'inquiétude. Grâce à cette attitude, on se sent en sécurité, on se détend, on acquiert suffisamment d'assurance en nous-mêmes pour nous calmer au moment opportun. La confiance nous permet principalement d'entrevoir la vie avec optimisme. Elle est à la base de notre besoin de sécurité, mais, encore une fois, nous ne naissons pas avec elle. La confiance (donc, la sécurité) croît graduellement, avec le temps, par des relations d'attachement et des expériences considérables. Autant chez l'adulte que chez l'enfant, cette confiance varie avec des progressions subites et des régressions temporaires. Si nous ne perdons pas de vue l'estime de soi, nous pouvons affirmer qu'elle est justement basée sur les relations d'attachement qui suscitent un sentiment de confiance.

Tout être humain, peu importe son âge, doit être aimé par quelqu'un d'autre pour se percevoir comme une personne aimable. Sinon, son amour-propre et sa valeur personnelle en seront réduits. Quand cette sécurité est acquise et une fois qu'elle est intériorisée, l'être humain peut partir à la découverte de lui-même et de celle des autres. Pour l'enfant, cette confiance ne peut s'établir que s'il éprouve un sentiment de sécurité physique et psychologique, que ce soit à la maison ou à l'école. Avec sa fameuse pyramide des besoins (voir page 84), Abraham Maslow a illustré que le besoin de sécurité est le deuxième besoin primaire que l'homme doit combler pour s'accomplir, précédé par celui de survie (manger, boire, se vêtir, etc.).

De nos jours, la société de consommation nous amène à vivre des bouleversements qui rendent la vie plus instable et, par le fait même, moins sécurisante. Les unions parentales ne durent plus, ce qui contribue également à affaiblir notre sentiment de confiance. L'enfant a besoin de vivre dans un environnement stable pour se sentir en sécurité. Par conséquent, il doit compter sur un espace connu, une routine et la présence constante et sécurisante de ses parents. L'école réussit à procurer une relative stabilité à l'enfant alors que les horaires sont généralement assez réguliers. En revanche, les déménagements multiples et les changements d'école n'aideront pas l'enfant à se sentir en sécurité.

L'école est un véritable laboratoire pour le jeune qui apprend à se protéger des menaces extérieures et qui découvre les limites de son milieu. Il doit ainsi composer avec les réalités environnementales qui l'entourent et adapter son comportement en conséquence. Il est clair que de nos jours, les enfants apprennent à réagir ainsi très tôt dans leur vie, dès la petite enfance, à la garderie. Nous ne devons pas oublier que les petits cherchent d'abord à satisfaire leur soif de plaisir. C'est normal ! Pour arriver à leurs fins, ils sont prêts à tout, surtout à user d'imagination pour manipuler l'adulte qui les accompagne. De nouveau, le parent doit prendre la responsabilité d'instaurer des règles claires et de les faire respecter. Cela pose toutefois problème pour plusieurs. Le contrôle du comportement s'apprend par l'exemple. En l'absence de limites, les petits

développent rapidement une attitude indésirable, puisqu'ils souffrent d'insécurité. Et, malheureusement, ce sont souvent les enfants
les plus angoissés qui se retrouvent « soumis » au laisser-faire ou
encore à l'indifférence. Cette insécurité vécue de la sorte leur
enlèvera l'énergie dont ils auraient grandement besoin pour faire
des apprentissages, pour apprendre à se comporter en société. Si
le chaos règne à la maison, il y a de fortes chances que ce perturbant
climat se transporte aussi à l'école.

Puisque cette partie fournit des pistes de solutions, attardons-
nous un peu aux règles que les parents se doivent d'imposer à
leurs enfants. Ces quelques paragraphes s'adressent directement
aux adultes qui encadrent l'enfant, puisque ces règles de conduite
s'appliquent autant à l'école, à la garderie qu'à tout autre endroit
que fréquente l'enfant. Voici en quoi consistent les caractéristiques
de base de ces règlements :

CLARTÉ : Les règlements transmettent aux enfants des valeurs
éducatives (respect de soi, des autres ou de l'environnement) qui
sont essentielles à la vie en société. Les parents, les éducateurs et
les enseignants doivent se concerter pour faire valoir leur importance.

CONCRÉTUDE : Rien ne vaut un exemple concret pour permettre
à l'enfant de comprendre l'importance d'une action. Même
l'adulte a plus de facilité à raisonner à partir d'un langage qui ne
se base pas sur des métaphores, des abstractions ou encore sur
des généralités. En demandant à son enfant de s'habiller avant de
partir pour la garderie, il comprendra plus facilement ce qu'on
attend de lui que si on lui demande de « se préparer ». Même chose
pour l'école, les règlements doivent être concrets : on demande à
l'enfant de jeter ses déchets à la poubelle, et non de garder l'endroit propre.

CONSTANCE : Si un jour vous faites respecter le règlement, mais que le lendemain vous le laissez tomber ou vous l'oubliez, votre inconstance sera interprétée par l'enfant comme une disqualification de la règle. Les adultes ont du mal à faire preuve de constance dans l'application des règlements. C'est généralement parce qu'ils craignent la tristesse que ressentira leur enfant, et qu'ils ont peur d'être perçus par leur enfant comme étant mauvais ou méchants. Comment peut-on exiger de notre enfant qu'il ramasse sa chambre chaque matin ou qu'il participe aux corvées quotidiennes ? Mais parce que c'est la meilleure façon de lui transmettre les bonnes valeurs et le respect de l'autorité. Ainsi, l'enseignant ou le parent maintient le règlement qu'il souhaite faire respecter, il se montre rigoureux et ferme, mais en revanche, il sait faire preuve de jugement lorsqu'une situation spéciale se présente. L'enfant pourra bénéficier d'une permission ponctuelle, tout en sachant très bien que le règlement sera de nouveau en vigueur immédiatement après la fin de la permission. La constance est primordiale pour que l'enfant sache à quoi s'en tenir et pour qu'il puisse percevoir les adultes comme des êtres fiables et dignes de confiance.

Chaque fois que vous devez intervenir auprès de votre enfant, utilisez les mêmes stratégies d'intervention, qui sont :

- être constant, jour après jour ;
- persister lorsque vous commencez un « programme » de modification du comportement ;
- réagir toujours de la même façon, maintenir le cap, même dans un contexte différent ;
- être en accord avec votre conjoint ou votre conjointe en ce qui concerne les règlements.

L'imprévisibilité et le fait de succomber aux caprices, lorsqu'il s'agit de mettre en place des règlements, vous conduiront à l'échec et vous décourageront parce que votre nouvelle méthode de gestion du comportement de votre enfant ne donnera pas immédiatement de résultats spectaculaires. Avant de porter un jugement sur la validité et l'efficacité d'un plan d'intervention ou d'un programme de modification du comportement, essayez-le pendant au moins deux semaines. Votre comportement envers votre enfant devrait toujours être le même, que vous soyez à la maison ou dans un lieu public. Enfin, malgré le fait que nous ayons tous des styles parentaux différents, essayez, autant que possible, de vous entendre avec votre conjoint ou votre conjointe afin de permettre et d'interdire les mêmes comportements.

CONSÉQUENCES : Nous entendons souvent dans le langage populaire que les enfants « testent les limites ». C'est normal, et ils le feront toujours, car ils ont besoin de valider régulièrement les limites qui les encadrent. Il est toutefois important, dans le cas d'une transgression, qu'une sanction soit imposée immédiatement. Dans la mesure du possible, cette sanction devrait être cohérente, réaliste et étroitement liée à l'acte commis.

Nous pouvons prévoir une sanction pour le cas où nous aurions à en imposer une. Un mauvais exemple de sanction serait d'interdire à son adolescent de sortir le soir parce qu'il n'a pas fait le ménage de sa chambre. Toutefois, cette sanction serait adéquatement applicable pour le jeune qui est rentré trop tard la veille.

Avec les enfants en bas âge, l'acte réprimandable pourrait être une crise spectaculaire lors d'une visite dans un grand magasin. Les roulades par terre pour avoir droit à un jouet ne sont pas inconnues à tout parent ! L'approche par extinction, c'est-à-dire en ignorant la crise et en ne cédant jamais aux demandes de l'enfant, est alors tout indiquée. Une fois la colère de l'enfant terminée, le parent choisit une sanction pour montrer à l'enfant que son comportement n'était pas acceptable. Il ne faut toutefois pas croire que, par la suite, les manifestations de désirs de l'enfant seront du passé, et c'est tant mieux.

Pour réagir correctement dans ce genre de situation, nous devons d'abord différencier correctement les désirs des besoins de nos enfants. En accordant de l'attention à ce genre de comportement, nous le renforçons. Mais si nous l'ignorons, l'enfant devra changer de stratégie parce que celle qu'il a choisie ne fonctionne pas. Le fait d'intervenir avec la meilleure stratégie possible apprendra à l'enfant à se comporter de la bonne façon grâce au cumul de ses expériences. De plus, ce sera également pour lui la meilleure manière de s'en souvenir. La réaction du parent peut faire en sorte que le petit devienne responsable de ses actes et s'assume comme individu à part entière. Et une fois que l'enfant devient un adulte, il devra justement assumer les conséquences de ses gestes. C'est donc une bonne préparation pour lui. Finalement, il est important d'éviter les luttes de pouvoir avec les jeunes. Si le parent use de sa force (qu'elle soit morale ou physique), l'enfant peut soit s'insurger et s'opposer, soit s'écraser et étouffer sa colère autant que son autonomie. Et là, la liste des comportements indésirables qui s'ensuivent est longue.

CONGRUENCE : Il est impératif de prêcher par l'exemple. Nous devons montrer à l'enfant que nous respectons nous aussi les valeurs que nous souhaitons lui transmettre.

LA RÉTROACTION

Importance de la rétroaction et de la conséquence immédiate

Plusieurs experts l'ont affirmé à maintes reprises ces dernières années : plus que tous les autres, les enfants qui souffrent du trouble déficitaire de l'attention vivent uniquement au présent.

Par conséquent, le parent se doit de faire partie de l'espace-temps correspondant à celui du jeune. Autrement, il y a peu de chances que son intervention ait quelque influence sur lui.

Nous le savons, les enfants atteints du déficit de l'attention ont une forte propension à la procrastination, surtout lorsqu'il s'agit d'entreprendre une tâche peu motivante ou peu excitante. Pour que l'enfant demeure centré sur la tâche, il faut donc lui donner une rétroaction positive pour la lui rendre plus gratifiante, ou assurer des conséquences négatives mineures s'il préfère la remettre à plus tard. De plus, pour modifier des comportements négatifs, il faut offrir rapidement des récompenses et une rétroaction positive lorsque l'enfant se comporte bien ou imposer sans délai des conséquences négatives si l'inverse se produit.

Une rétroaction positive peut comprendre des félicitations et des compliments, pourvu que ce qui est exprimé corresponde précisément et spécifiquement à ce que l'enfant a fait de positif. Cela peut aussi se faire sous forme de manifestations physiques d'affection. Dans certaines situations, la reconnaissance entraînera des récompenses telles que de petits privilèges ou encore des points qui, accumulés en quantité suffisante, permettront à l'enfant d'obtenir des privilèges plus importants. Ces récompenses seront nécessaires seulement si les félicitations et les compliments ne suffisent pas à eux seuls à motiver l'enfant pour qu'il demeure centré sur sa tâche.

C'est le moment qui sera plus efficace, plutôt que le type de rétroaction. Autrement dit, il faut s'exprimer dans l'immédiat. Par exemple, si un enfant atteint du trouble déficitaire de l'attention a normalement des problèmes à jouer paisiblement avec un enfant plus jeune que lui, le meilleur renforcement visant à favoriser le jeu coopératif proviendra de votre observation attentive à tout ce qui peut ressembler à de la coopération, du partage, et des manifestations de gentillesse de la part de l'enfant. Reconnaissez le comportement souhaité et exprimez immédiatement votre satisfaction. De la même façon, l'enfant doit recevoir immédiatement une rétroaction négative modérée avec des conséquences appropriées s'il s'est mal comporté avec le jeune enfant. Il est nécessaire de préciser ce qu'il a fait de mal et d'en expliquer la raison ; vous pouvez retirer à l'enfant un privilège auquel il avait accès pour cette journée ou des points déjà gagnés. Par la suite, on peut offrir à l'enfant la possibilité de se racheter pour ainsi réparer l'image qu'il a de lui-même (comme faisant toujours tout de travers) et le lien de confiance que son parent a envers lui.

Donnez plus fréquemment de rétroactions à votre enfant

Les enfants atteints du trouble déficitaire de l'attention ont besoin de rétroactions et de conséquences qui sont non seulement rapides, mais également fréquentes. Une rétroaction ou des conséquences immédiates peuvent être efficaces si elles sont données occasionnellement, mais elles seront d'autant plus bénéfiques si elles sont émises fréquemment. Évidemment, le fait de donner une rétroaction sera exigeant pour vous, en tant que parent, enseignant ou autre intervenant, mais il est important que vous le fassiez dans la mesure où votre temps, votre horaire et votre énergie le permettent, surtout lorsque vous voulez changer un comportement important.

Vous pouvez également décider d'opter pour un système d'accumulation de points, c'est-à-dire que vous remettrez un jeton, un billet ou même de l'argent Monopoly à votre enfant chaque fois qu'il aura fait ce que vous lui avez demandé. Il pourra, par la suite, les échanger contre des privilèges, comme du temps de télé ou d'ordinateur, un film le vendredi soir, le choix d'un repas qu'il aime, du temps de jeu avec son père, ou même de l'argent (par exemple, 10 ¢ du jeton). Si l'on utilise des billets de type Monopoly, il est préférable de ne pas tenir compte de la valeur inscrite, cela deviendrait trop complexe, et s'en tenir à 1 billet = 1 point. L'argent Monopoly permet d'inclure plusieurs enfants dans le système, chacun ayant sa couleur de billet. Ce système peut paraître lourd, mais il est souvent très efficace. De plus, bien que cela soit par moment fort tentant, il est préférable de ne pas retirer les billets ou les jetons qui ont été dûment gagnés, à moins que l'on permette à l'enfant de se « racheter » plus tard et de récupérer les billets qui lui ont été repris.

Ainsi, si l'enfant a de la difficulté à terminer ces travaux, évitez d'attendre qu'il ait complètement terminé pour le féliciter. Plutôt que de le punir parce qu'il n'a pas terminé après quelques heures un travail qui ne demandait pourtant que 20 minutes tout au plus, informez-le qu'il peut gagner des points ou obtenir une récompense pour chaque problème de mathématiques complété, et que les points s'additionneront de telle sorte qu'il pourra, plus tard, s'offrir un des privilèges désirés. Vous pouvez fixer une limite raisonnable de temps, disons 20 minutes, pour l'ensemble de l'activité et, si l'enfant ne termine pas à temps, il perd des points pour chaque problème non terminé. Pendant que l'enfant travaille, félicitez-le fréquemment afin qu'il demeure centré sur la tâche, encouragez-le également à poursuivre ses efforts pendant qu'il accumule des points.

Bien entendu, les parents ont aussi leurs responsabilités familiales et ils ne peuvent être constamment à côté du jeune pour le surveiller. Placez de petits aide-mémoire un peu partout dans la maison, à des endroits stratégiques comme le miroir de la salle de bain ou l'horloge de la cuisine, pour vous souvenir d'interagir avec votre enfant. Lorsque vous apercevez l'un de ces aide-mémoire, dirigez-vous vers votre enfant, peu importe ce qu'il est en train de faire. Vous pouvez aussi utiliser une minuterie ou tout autre moyen qui vous semble approprié pour vous souvenir de donner fréquemment et régulièrement de la rétroaction. Enfin, les tableaux de renforcement où l'enfant peut suivre ses progrès, où il peut les voir évoluer, s'avèrent souvent motivants. Généralement, ce sont les parents qui se lassent avant l'enfant. Là aussi, la persévérance est payante.

Par ailleurs, les écoles ont souvent des systèmes de renforcement par lesquels l'enfant reçoit un sourire si la journée a été bonne, une « baboune » si elle a été mauvaise, ou un visage neutre si elle a comporté de bons et de mauvais moments. Or, un tel système s'avère décourageant la plupart du temps pour l'enfant hyperactif qui n'arrive pas à passer toute une journée sans se faire réprimander. Puisqu'on veut souligner ce qu'il fait de positif, il peut être avantageux de diviser la journée en périodes plus courtes, comme avant la récréation, la récréation elle-même (qui est souvent difficile pour ces enfants), après la récréation, le dîner, etc. Un privilège peut alors être accordé s'il obtient trois ou quatre sourires. Pour rendre le principe plus valorisant, deux visages neutres devraient être convertis en un sourire.

Optez pour des conséquences plus appropriées

Quand l'enfant respecte les consignes et se comporte bien, un encouragement à poursuivre son bon travail est nécessaire. Toutefois, il aura besoin de modes d'encouragement plus importants que ceux que l'on accorde aux autres enfants. Ces conséquences favorables peuvent comprendre des manifestations physiques d'affection, des privilèges, des petites gâteries, des jetons ou des points, des récompenses matérielles telles que des petits jouets ou des articles de collection et même de l'argent, à l'occasion.

Évidemment, cela peut paraître exagéré quand on regarde le problème d'un œil critique. On se dit qu'il n'est pas nécessaire que les enfants reçoivent autant pour chaque moindre effort, surtout des jouets et de l'argent. Mais il faut comprendre que ce qui peut sembler plus sain ou plus humain à nos yeux, certaines formes de renforcement notamment, est beaucoup moins susceptible d'inciter les enfants qui souffrent de ce problème à bien se comporter. De simples paroles d'encouragement ou de félicitations ne motivent pas longtemps ces enfants, de manière directe ou concrète, à se mettre au travail, à résister à leur impulsivité de faire des choses inappropriées et à persister dans leurs tâches. La nature de leur incapacité requiert des conséquences plus importantes, plus appropriées et, quelquefois, davantage de récompenses matérielles pour les aider à développer et à maintenir les comportements positifs souhaités.

Utilisez le renforcement positif avant la punition

Généralement, les parents ont recours à la punition pour sanctionner un comportement indésirable de leur enfant. Cette méthode peut être tout à fait adéquate pour l'enfant qui n'est pas atteint du trouble déficitaire de l'attention et qui ne se comporte mal qu'occasionnellement. Cet enfant ne sera pas puni très souvent. En revanche, une telle approche n'est pas indiquée avec un enfant atteint du TDAH qui, selon toute vraisemblance, se comportera mal beaucoup plus fréquemment et récoltera beaucoup plus de sanctions qu'un autre enfant.

Grâce aux théories sur le comportement, nous savons que la punition, qu'elle soit utilisée seule ou en l'absence de récompenses régulières et d'une rétroaction positive, n'est pas très efficace lorsqu'il s'agit de faire modifier un comportement. La méthode punitive entraîne généralement une lutte de pouvoir, de la colère et de l'hostilité chez l'enfant, en plus d'éroder, avec le temps, le lien affectif entre le parent et l'enfant. Cela peut même engendrer un besoin de contrôle excessif de la part de l'enfant qui verra son parent comme une menace à son bien-être. Alors, même si nous estimons qu'il est logique pour l'enfant d'obéir et de faire ce qu'on lui demande, lui, pour sa part, ressent cela dans une logique d'agression et il posera des gestes qui lui occasionneront des punitions, mais qui lui donneront pourtant l'impression de mener la partie. Pour éviter ces situations nocives pour tous, il est impératif que le parent mette de côté l'approche de la punition seule. Il doit faire des efforts fréquents pour se souvenir d'utiliser les mesures positives avant les méthodes coercitives. Cela pourra l'aider à se souvenir que son enfant reçoit plus que sa part de réprimandes, de punitions et de rejet de ceux qui ne comprennent pas ses incapacités. De façon générale, les récompenses et les mesures incitatives sont tout indiquées pour aider l'enfant à apprendre ce qu'on attend de lui. Dans certaines familles, le lien de confiance parent–enfant est tellement détérioré qu'une consultation auprès d'un intervenant psychosocial devient nécessaire.

En tant que parent, si vous voulez changer un comportement inacceptable, décidez d'abord du comportement que vous voulez instaurer afin de garder à l'esprit l'action recherchée. Lorsqu'elle se produira, vous pourrez alors la souligner et la récompenser. Bien que, d'un point de vue émotif, ce soit souvent difficile pour les parents, le retrait d'attention est, dans bien des cas, une punition efficace. Si votre enfant adopte un comportement indésirable (qui ne risque toutefois pas de détruire un objet ou de blesser quelqu'un), ignorez ce comportement et votre enfant pour un moment.

Si vous choisissez de punir votre enfant parce qu'une approche plus douce a été inefficace, il importe que vous utilisiez des puni-

tions de faible sévérité, comme la perte de privilèges ou la privation d'activités spéciales, ou encore l'imposition d'une courte
période de réflexion. Prévoyez toutefois un taux de récompenses
supérieur à celui des punitions, par exemple une seule punition
pour toutes les deux ou trois occasions de félicitations et de
récompenses. Soyez constant dans votre approche, mais ne punis-
sez que pour un comportement négatif particulier. La punition
ne peut s'appliquer à un ensemble de choses que l'enfant a pu
faire de mal au cours d'une période donnée.

Une situation familiale serait un excellent exemple. Supposons
que votre enfant interrompt fréquemment les autres membres de
la famille lors des repas. Il impose sa présence et ne peut s'empêcher de passer des commentaires. De plus, il le fait en parlant en
même temps que celui ou celle qui a la parole. Vous devriez alors
envisager de discuter avec lui avant le prochain repas de famille ;
le soir même, avant de le coucher, pourrait être un moment
approprié. Vous lui expliquez alors ce que vous aimeriez le voir
faire à table : ne pas parler autant, attendre que les autres aient
terminé avant de parler à son tour, et ne pas parler la bouche
pleine. Informez-le qu'il marquera des points s'il suit ces règlements. Lors du repas suivant, prenez soin de surveiller le déroulement de la scène et notez les points, en vous assurant que
l'enfant remarque ce que vous faites, et donnez-lui des signaux
corporels, comme un clin d'œil, pour lui laisser savoir que ses
efforts sont appréciés et remarqués. Pendant environ une semaine,
vous ignorerez ses manquements, puis, avant le repas suivant,
vous avertirez votre enfant qu'à partir de maintenant, un man-
quement au règlement entraînera la perte d'un point. Il faut
garder à l'esprit que le rapport entre récompenses et punitions
devrait être de l'ordre de deux pour un.

Laissez la plainte et passez à l'action

De nombreux psychologues et experts cliniciens du TDAH mentionnent fréquemment qu'il faut cesser les discussions avec les enfants et appliquer plutôt les conséquences : laisser la plainte et passer à l'action. Le plus souvent, les comportements négatifs que l'enfant présente lui viennent malgré lui, soit il a oublié ce qu'on lui a demandé, soit il n'a pu retenir à temps son geste. La discussion ne changera pas grand-chose au problème neurologique qui entraîne le manque d'inhibition. Aussi, il ne servira à rien de raisonner avec l'enfant durant des heures et à répétition, on ne fait alors que renforcer l'image d'incompétence qu'il a de lui-même. Plus on lui dit qu'il doit penser avant d'agir, plus il comprend qu'il est stupide. Si, pour lui, c'était aussi facile, il le ferait, car, soyez sûr d'une chose, il n'aime pas vous décevoir. S'il semble indifférent à vos reproches, c'est qu'il a perdu espoir de vous plaire. De longues explications n'y changeront donc rien. Il faut plutôt lui donner les moyens de réussir. Comment doit-il faire pour ne pas lancer le jeu de société lorsqu'il perd ? La rage le possède en une fraction de seconde.

Votre enfant saisira mieux ce que vous voulez lui faire comprendre s'il sait concrètement ce qu'il doit faire et ce qui arrivera s'il ne le fait pas. Quelques phrases suffisent pour y parvenir (probablement moins de cinq).

Des situations de crise, les parents d'enfants souffrant du déficit de l'attention peuvent en raconter plusieurs… Par exemple, le parent est à la pharmacie avec son enfant et, au moment de sortir, ils passent devant des distributrices de friandises. L'enfant se met alors à exiger qu'on lui achète une gomme. Puisque le parent refuse, l'enfant se met à crier, à gesticuler, à faire une scène malgré les limites et les menaces du parent, qui est de plus en plus mal à l'aise, incapable de penser rapidement et clairement, de sorte qu'aucune solution ne lui vient à l'esprit. Il jette un œil autour de lui : les autres clients les regardent de travers et il quitte l'endroit avec son enfant sous le bras en pleine crise.

Si ces situations sont fréquentes pour ces parents, en revanche peu d'entre eux songent au fait qu'ils pourraient s'épargner de telles scènes en étant tout simplement un peu plus prévoyants. Il est possible de s'éviter bien des angoisses en apprenant à anticiper ces situations problématiques, en prévoyant une façon de mieux les résoudre, en discutant des solutions possibles avec l'enfant, et en se conformant au plan prévu si un problème se présente.

Beaucoup de parents doutent que d'échanger à propos du plan prévu avec l'enfant, avant que ne se présente une quelconque situation problématique, puisse grandement réduire la probabilité que le problème appréhendé ne survienne, et pourtant, cette méthode fonctionne vraiment.

Voici quelques petits règlements de base qui seront utiles pour prévoir les situations problématiques et pour leur faire face lorsqu'elles se produiront.

Tout juste avant d'entrer dans un endroit susceptible de provoquer une situation problématique (un magasin, un restaurant, la résidence d'un ami, etc.), prenez le temps de vous arrêter.

Passez en revue avec votre enfant les deux ou trois règles qu'il a de la difficulté à suivre dans la situation où vous vous retrouverez. Par exemple, pour le magasin, la règle peut être : « Reste près de moi, ne me demande rien, et fais comme je te dis ». Évitez les longues discussions, un bref rappel des règlements suffit amplement.

Vous pouvez ensuite demander à l'enfant de répéter les règlements pour vous assurer qu'il vous a écouté et qu'il a bien compris. Au besoin, prévoyez un privilège, un moyen d'encouragement et de motivation. Par exemple, l'enfant pourra pousser le chariot dans le magasin ou écouter la télé au retour à la maison, s'il respecte ou a respecté les règlements prévus.

Il est important de bien expliquer à l'enfant la punition qui sera imposée dans le cas où il ne respecterait pas les règlements, comme l'interdiction de jouer à des jeux vidéo pour la soirée.

Tenez-vous-en au plan de base et suivez votre enfant de près en lui remémorant les enjeux et en lui donnant un compte rendu sommaire de son comportement. Et s'il le faut, appliquez rapidement les conséquences prévues pour toute attitude indésirable.

L'enfant qui souffre du trouble du déficit de l'attention vit une incapacité. Ses parents peuvent parfois perdre de vue la source du problème. Ils se mettent alors en colère, deviennent enragés, à tout le moins frustrés et découragés lorsque les premiers efforts de gestion du comportement de leur enfant ne donnent pas les résultats attendus. Certains parents adopteront même des attitudes semblables à celles de l'enfant et argumenteront avec lui tout comme le ferait un autre enfant. Vous êtes l'adulte, le parent, vous êtes celui des deux qui possèdez les capacités pour faire face à la situation de manière constructive, positive et adéquate pour l'enfant. Si l'un de vous deux doit garder son calme, c'est vous !

Vous vous devez de maintenir une certaine distance critique et psychologique par rapport aux problèmes que vit votre enfant. Une bonne façon d'illustrer ce propos est de vous placer dans la peau d'une tierce personne afin de voir la situation de l'extérieur. Bien entendu, il n'est pas toujours facile de le faire parce que vous êtes impliqué émotionnellement. Mais de cette manière, vous pouvez voir la situation plus rationnellement et plus équitablement. Vous vous placez en position neutre. Puisque cette tâche est ardue et qu'elle requiert beaucoup d'énergie de votre part, vous aurez besoin de vous remémorer quotidiennement le handicap de votre enfant, peut-être même plusieurs fois par jour, et ce, plus particulièrement quand vous vous attaquerez à un comportement dérangeant.

L'attribution

Trop de parents font l'erreur d'interpréter l'influence qu'ils ont sur leur enfant comme des victoires ou des défaites. Votre sentiment de valeur propre et de dignité personnelle ne se mesure aucunement en fonction de l'impact qu'a eu ou qu'aura une discussion avec votre enfant à propos de son comportement. Autant que possible, gardez votre calme, faites preuve d'humour par rapport au problème et, surtout, tâchez d'appliquer les principes énoncés ci-dessus dans vos réactions avec votre enfant.

Comme on le ferait avec un poupon qui pleure sans arrêt, on pourrait quitter la pièce ou se retirer momentanément pour y voir plus clair, pour éviter de dire des paroles qui dépassent notre pensée quand les esprits s'échauffent. Cela nous laisse le temps de reprendre le contrôle de nos émotions.

Nous avons tendance à nous culpabiliser en tant que parent lorsque la situation tourne mal. Il ne faut pas crier à l'incompétence parce que l'enfant n'agit pas comme on voudrait qu'il agisse.

Le pardon

Pardonner ne va pas de soi. Il s'agit pourtant d'une étape cruciale dans le cheminement quotidien du parent d'un enfant souffrant du trouble de l'attention. Le pardon peut être envisagé en trois étapes.

En premier lieu, quand vous vous mettez au lit le soir, prenez un moment pour revoir le déroulement de la journée et pour pardonner à votre enfant les comportements problématiques qu'il a pu adopter. Apprivoisez votre colère, votre ressentiment et votre déception, ou toute autre émotion négative résultant du mauvais comportement ou des manquements de votre enfant au cours de la journée. Le jeune n'est pas toujours capable de maîtriser ce qu'il fait et il a droit au pardon. Sachez cependant que cela ne veut pas dire qu'il n'est pas responsable de ses actions. Vous devez être en mesure de lui pardonner et être en paix avec vous-même.

Deuxièmement, il vous faut pardonner à tous ceux qui ont pu mal agir avec votre enfant ou mal interpréter son comportement difficile et qui, par le fait même, vous ont blessé ou ont blessé votre enfant, ou pardonner à ceux qui ont tout simplement conclu trop rapidement qu'il était paresseux ou qu'il manquait de motivation. Comme vous comprenez bien maintenant ce qu'est le trouble du déficit de l'attention, avec ou sans hyperactivité, vous avez une connaissance que les autres n'ont pas. Agissez plutôt de façon positive pour apporter toutes les mesures correctives requises, et poursuivez votre quête avec votre enfant. Ne vous laissez pas abattre ou décourager par votre souffrance, votre colère et le ressentiment que les différents événements ont pu causer.

Troisièmement, vous devez parvenir à vous pardonner vos propres erreurs dans la gestion quotidienne du comportement typique d'un enfant souffrant du trouble déficitaire de l'attention. Les jeunes qui souffrent du TDAH réussissent, bien malgré eux, à provoquer la colère chez leurs parents, de sorte qu'ils ressentent de la culpabilité lorsqu'ils commettent des erreurs. Sans croire qu'ils répéteront indéfiniment leurs erreurs sans en subir de conséquence, il leur faut apprendre à vivre avec les émotions négatives et les sentiments de culpabilité, de honte, d'humiliation ou de colère qui accompagnent cette forme d'autoévaluation. Une bonne façon de réagir à cette colère est de passer à l'action. Vous devez plutôt la remplacer par une évaluation réaliste de votre efficience comme parent pendant la journée, en déterminant quelles sont les pistes d'amélioration et en vous remettant au travail pour le lendemain. Comme le déficit de l'attention et l'impulsivité sont au moins associés partiellement à l'hérédité, il se peut que les difficultés que vit votre enfant ne soient pas si éloignées des vôtres. Essayez alors d'utiliser votre propre expérience pour comprendre ce que vit votre enfant. Par exemple, s'il a fait une crise en classe, il se peut qu'il se soit senti incompris ou injustement traité. Or, vous n'avez pas le pouvoir de faire que l'enseignant reconnaisse ses torts. Vous pouvez par contre sympathiser avec votre enfant et lui dire à quel point, vous, vous trouvez cela difficile lorsque vous sentez qu'on ne vous écoute pas. Cela fait tellement de bien d'être avec quelqu'un qui nous comprend.

Malheureusement, tous les enfants n'ont pas la chance d'être entendus et d'être compris. La quête par certains parents de leur épanouissement personnel et de la satisfaction de leurs propres besoins s'ajoute au rythme de vie effréné qui est adopté dans un monde de plus en plus fou. En voici un exemple d'autant plus tragique qu'il est véridique. Un petit d'une école primaire s'était grièvement blessé à un doigt lors d'une séance d'éducation physique. L'enfant s'était coincé l'index entre deux bancs et il devait être emmené rapidement à l'hôpital. La directrice de l'école, informée de l'accident, tenta aussitôt de contacter les parents pour qu'ils accompagnent l'enfant. Elle rejoignit d'abord le père. « Vous savez, Madame, ce n'est pas ma semaine. Appelez donc la mère ! » Ce qu'elle s'empressa de faire. « Mais, Madame, vous ne voyez pas que je suis en plein tournoi de golf ? » Ce n'est qu'à force d'insister et de rappeler à la mère que son enfant risquait l'amputation d'un bout de doigt que la directrice réussit à convaincre la mère de venir chercher son fils à l'école afin de le conduire à l'hôpital pour qu'il puisse y recevoir des soins d'urgence.

Comment expliquer que le problème de consommation de Ritalin et du trouble déficitaire de l'attention concerne surtout les pays occidentaux et industrialisés? Lorsque Mme Daigle[12] a été rencontrée pour la rédaction de cet ouvrage, cette directrice d'une école de niveau secondaire s'est fait demander si elle considérait d'autres options que les psychostimulants pour les enfants qui souffrent du déficit de l'attention. «Vous voulez savoir, Monsieur? J'essaie de regarder toutes les options possibles avant de «rita-liser» un enfant. Ce n'est pas moi qui prends la décision en bout de piste, c'est au parent et à l'enfant de décider. Certains refusent carrément la médication. C'est leur droit le plus fondamental. À ce moment-là, nous devons considérer d'autres avenues. Je demeure convaincue que, si nous avions le temps et les ressources nécessaires, nous pourrions diminuer énormément la consom-mation de Ritalin dans les écoles.»

LE NEUROFEEDBACK

Le neurofeedback est une forme particulière d'intervention qu'on appelle le «biofeedback» (parfois appelé «biorétroaction» ou «rétroaction biologique»). Il s'agit d'une application de la psy-chophysiologie, une discipline qui étudie les liens entre l'activité du cerveau et les fonctions physiologiques. En d'autres mots, il s'agit de la science de l'interaction corps-esprit. Les psychophy-siologistes s'intéressent à la façon dont les émotions et les pensées modifient l'organisme et, à l'inverse, comment la perception des signaux transmis par le corps peut influencer les attitudes et les comportements. Le but est simple et clair: permettre au sujet de prendre le contrôle de son propre corps, y compris de

---

12. Mme Daigle est directrice d'une école secondaire de niveau I, II et III située dans la région de Montréal. Voir page 109.

certaines fonctions dites involontaires — comme la respira-
tion — de façon à prévenir ou à traiter un ensemble de problèmes
de santé.

Le biofeedback n'est pas une thérapie proprement dite. Il s'agit
plutôt d'une technique d'intervention spécialisée que l'on pourrait inclure dans la grande famille des thérapies comportementales. Elle se distingue des autres méthodes d'autorégulation par
l'utilisation d'appareils (électroniques ou informatiques) tels que
des outils d'apprentissage (ou de rééducation). Ces appareils
captent et amplifient l'information transmise par l'organisme
(température corporelle, rythme cardiaque, résistance musculaire,
ondes cérébrales, etc.) et les traduisent en signaux auditifs ou
visuels.

Le neurofeedback est la technique de biofeedback qui rend
« visibles » les ondes cérébrales. Des électrodes sont placées à la
surface du crâne et elles enregistrent les ondes cérébrales. Un
programme informatique transforme ces données en une image
qui apparaît sur un écran, par exemple celle d'un ballon plus ou
moins gros, une ligne plus ou moins longue. On connaît trois
types d'ondes qui correspondent chacun à un état distinct : état
de relaxation, état d'agitation et état de concentration. Plus les
ondes cérébrales d'un enfant ressemblent à un état de concentration, plus l'image se modifie : le ballon grossira, sa couleur changera ou sa ligne s'allongera. L'enfant peut alors apprendre, grâce
à un entraînement, à produire lui-même un état mental de concentration. Évidemment, on espère qu'il saura ensuite se mettre
dans cet état dès qu'il en ressentira le besoin.

Cette approche thérapeutique gagne rapidement en popularité dans l'Amérique du Nord tout entière. Les promoteurs de
cette approche sont très convaincus de son efficacité. Le nombre
de recherches scientifiques qui portent sur cette technique

s'accroît rapidement. Pour l'instant, la plupart présentent des problèmes méthodologiques qui ne permettent pas de démontrer sans équivoque son efficacité.

Il faut comprendre que, pour démontrer hors de tout doute l'efficacité d'un traitement, quel qu'il soit, on doit d'abord identifier l'ensemble des autres possibilités qui pourraient expliquer les résultats obtenus. Une expérience scientifique doit ensuite être créée afin de permettre d'isoler chacune des explications possibles pour démontrer celles qui sont réelles et celles qui ne le sont pas. Par exemple, tout traitement scientifique doit être comparé à un effet placebo afin de conclure à une réelle efficacité. Cette comparaison est nécessaire, car tout individu, par le simple fait qu'il est conscient de recevoir un traitement, s'attend à ce que celui-ci soit efficace. Or, cette « attente » psychologique vient améliorer la mesure de l'efficacité du traitement en question.

Dans le cas du neurofeedback, il se peut que le parent (qui paie très cher le traitement) croie que cela aidera son enfant, que l'attitude de ce dernier envers lui s'améliorera et que l'enfant progressera grâce à ce changement. Ainsi, lorsqu'on demandera au parent si le neurofeedback a aidé son enfant, il répondra « oui ». En réalité, l'enfant s'est amélioré parce que le parent veut que le résultat soit positif. Il faut donc trouver une façon pour pallier toutes ces éventualités, et c'est ainsi que le placebo vient permettre de prendre la juste mesure. Le parent dont l'enfant participe à la recherche sur l'efficacité de ce traitement ne saura pas si son enfant reçoit un vrai traitement par neurofeedback ou bien s'il reçoit un traitement qui lui ressemblait, mais qui n'en était pas. Par exemple, le ballon pourrait grossir ou rapetisser au hasard sans que les ondes cérébrales ne soient mesurées.

La possibilité que le neurofeedback soit efficace est très attrayante, mais nous n'en sommes pas encore sûrs. Certains parents diront qu'il vaut la peine d'essayer ; il serait difficile de les contredire. Cependant, il importe de demeurer un consommateur prudent. En effet, n'importe qui au Québec, actuellement, peut acheter un appareil et décider de rentabiliser son investissement en devenant « neurofeedbackothérapeute », simplement en connaissant le fonctionnement de sa machine et le contenu de certains livres de psychologie populaire portant sur le TDAH. Cela est déjà en train de se produire dans la région de Montréal. Si le neurofeedback est réellement efficace, y a-t-il des risques à mal l'appliquer, à mal réorienter les ondes cérébrales ? C'est peu probable, mais personne ne le sait. D'autres études sont nécessaires. Dans l'état actuel des connaissances, on ne peut ni recommander ni déconseiller cette intervention. Le parent qui souhaite s'y aventurer doit toutefois savoir qu'un traitement peut s'avérer très onéreux et que la qualification des intervenants qui le pratiquent n'est nullement validée. Ainsi, un intervenant « improvisé » risque d'être bien démuni devant les cas plus complexes.

L'ERGOTHÉRAPIE

Les ergothérapeutes sont des professionnels de la santé dont la formation universitaire (généralement un baccalauréat) les amène à se spécialiser dans différents domaines, allant de l'intervention avec les anciens psychiatrisés jusqu'à l'évaluation des séquelles d'un accident de la route, en passant par le maintien à domicile de personnes âgées grâce à des pratiques et à des outils adaptés. Au cœur de cette formation, la motricité, principalement la motricité fine, occupe une place de choix. Plusieurs ergothérapeutes ont par ailleurs développé une expertise connexe sur le traitement de l'information sensorielle. C'est par cette spécialité que ces professionnels interviennent auprès des enfants qui présentent un déficit de l'attention et une hyperactivité.

Des cliniciens observent depuis presque une trentaine d'années que certains enfants réagissent différemment de la moyenne à certaines stimulations sensorielles. Ils peuvent être soit hypersensibles, soit hyposensibles, c'est-à-dire qu'ils réagissent trop ou trop peu, à l'une ou l'autre de la quinzaine des modalités sensorielles dont chacun d'entre nous dispose (bien plus que les cinq sens qu'on connaît). L'enfant hypersensible à une sensation peut adopter différents comportements pour l'éviter. Par exemple, il peut refuser de porter certains vêtements qu'il perçoit comme inconfortables, refuser certains aliments qui ont mauvais goût ou dont la texture est particulière (comme les légumes cuits) et il peut également refuser d'être caressé ou bercé. Ces comportements passent souvent pour des caprices quand on ne les comprend pas. À l'inverse, l'enfant qui est hyposensible va chercher activement ses sensations, parfois de manière inadéquate. Par exemple, il peut parler fort, frapper des objets, aimer la nourriture épicée ou être infatigable dans les manèges. Les enfants hyperactifs sont réputés être hypersensibles à certaines stimulations et hyposensibles à d'autres. Ainsi, leur besoin de bouger constamment viendrait d'une recherche de stimulation aux muscles ainsi que du vestibule (perception des déplacements du corps dans l'espace par l'oreille interne). Leur propension à parler fort constamment serait une recherche de stimulation auditive. Par contre, s'ils sont moins sensibles au bruit qu'ils font, ils le sont trop au bruit environnant. De même, ils peuvent chercher les contacts physiques intenses et percutants au moyen de jeux agressifs avec les autres, mais ressentir comme très désagréables les effleurements cutanés superficiels lorsque des gens sont trop près d'eux.

Les ergothérapeutes qui sont adéquatement formés disposent de plusieurs avenues d'intervention pour essayer de favoriser une meilleure intégration sensorielle. Ils peuvent proposer un protocole de pressions profondes (aussi appelé « thermobrossage » [*brushing*]) pour intervenir par le toucher. L'enfant est brossé vigoureusement avec une brosse spéciale et des pressions sont appliquées à certaines articulations. Différents objets peuvent être introduits dans la vie de l'enfant afin d'augmenter certaines sensations, comme des vêtements très lourds que l'enfant sentira bien. Il peut être suggéré à l'enfant de s'asseoir sur un gros ballon pendant qu'il fait ses devoirs, car on souhaite qu'il s'agite! C'est probablement grâce à des ergothérapeutes qu'on voit se généraliser dans les salles de classe des balles de tennis sous les pattes de chaise afin de diminuer le bruit et de faciliter la concentration.

Plusieurs ergothérapeutes interviennent auprès des enfants distraits et hyperactifs. Comme pour le neurofeedback, il s'agit d'une piste intéressante d'intervention qui peut totaliser des coûts élevés et dont l'efficacité semble surtout démontrée par des cas isolés et anecdotiques ou des études scientifiques à demi convaincantes en raison de problèmes méthodologiques. On peut néanmoins en retirer au minimum l'idée de bien connaître le profil sensoriel de notre enfant, c'est-à-dire de reconnaître les stimulations qu'il aime beaucoup et qui peuvent l'aider à se concentrer, ainsi que celles qui le distraient et qu'il vaut mieux éviter. On pourrait apprendre, notamment, que certains enfants sont aidés s'ils mâchent de la gomme ou goûtent une saveur très amère pendant leurs devoirs, s'ils écoutent de la musique en travaillant (la télévision est à proscrire), s'ils bougent et sautent en révisant leurs leçons. Les ergothérapeutes disposent d'un répertoire de stratégies plus vaste encore que ce maigre échantillon!

IMPORTANCE DE L'ALIMENTATION

Les tenants d'un mode de vie sain et naturel ainsi que ceux qui prônent l'appui sur des connaissances scientifiques s'entendent sur l'importance de l'alimentation sur la santé. Certains vont plus loin et affirment que l'alimentation peut également avoir un impact direct sur le comportement. Les découvertes récentes sur les oméga-3, entre autres, leur donnent en partie raison.

Le magnésium

Le magnésium est un élément essentiel dans l'alimentation humaine. Il s'agit d'un minéral qui participe à plus de trois cents réactions biochimiques dans le corps. Environ la moitié du magnésium contenu dans notre organisme se trouve dans les os et les dents, tandis que le reste se situe dans les muscles, le foie et d'autres tissus mous. Il est éliminé par les reins. Le magnésium est nécessaire à la transmission nerveuse et lors de la relaxation musculaire qui suit une contraction. Il joue un rôle dans le rythme cardiaque, contribue au métabolisme des lipides ainsi qu'à la régulation du taux de sucre sanguin et de la tension artérielle. Par son action relaxante sur les muscles lisses, dilatante sur les vaisseaux et normalisatrice sur la conduction nerveuse, le magnésium peut aider à apaiser la douleur.

On le retrouve dans les graines, les légumineuses, les légumes verts, les noix, le germe de blé et la levure de bière. Si l'aliment est raffiné, la teneur en magnésium sera diminuée.

Aliments	Portions	Magnésium
Haricots de soya, rôtis à sec	250 ml (1 tasse)	414 mg
Chocolat, mi-sucré ou mi-amer, pour la cuisson	125 ml (½ tasse)	103-228 mg
Haricots noirs ou blancs, haricots de Lima, cuits	250 ml (1 tasse)	127-191 mg
Noix du Brésil	60 ml (¼ tasse)	133 mg
Céréales à déjeuner, 100 % son (type All Bran)	30 g	111 mg

Amandes, rôties dans l'huile ou à sec	60 ml (¼ tasse)	99-109 mg
Flétan de l'Atlantique, cuit au four	100 g (3 ½ oz)	107 mg
Noix de cajou, rôties à sec ou dans l'huile	60 ml (¼ tasse)	90 mg
Noix de pin (pignons), déshydratées	60 ml (¼ tasse)	86 mg
Goberge de l'Atlantique, grillée au four	100 g (3 ½ oz)	86 mg
Noix mélangées, incluant les arachides, rôties	60 ml (¼ tasse)	85 mg
Épinards, bouillis	125 ml (½ tasse)	83 mg
Artichaut, bouilli	1 moyen (125 g)	72 mg
Thon (rouge ou à nageoires jaunes), cuit au four	100 g (3 ½ oz)	64-69 mg
Boisson de soja, enrichie	250 ml (1 tasse)	65 mg
Germe de blé, brut	30 g (1 oz)	64 mg
Pomme de terre avec la pelure, au four	1 moyenne	55 mg
Feuilles de betterave, bouillies	125 ml (½ tasse)	52 mg
Aiglefin, cuit au four	100 g (3 ½ oz)	50 mg
Gombo (okra), cuit	125 ml (½ tasse)	30-47 mg

Source : Santé Canada, Fichier canadien sur les éléments nutritifs, versions 2001b et 2005, et le ministère de l'Agriculture des États-Unis (USDA), National Nutrient Database for Standard Reference.

Le zinc

Selon une récente et rigoureuse étude, des médecins turcs ont traité avec succès, semble-t-il, des enfants présentant un déficit de l'attention et de l'hyperactivité en prescrivant du sulfate de zinc. L'efficacité de ce traitement proviendrait du fait que les enfants hyperactifs accuseraient une carence en zinc.

Les oméga-3 : les acides gras

Les oméga-3 et les oméga-6 sont des substances naturelles qu'on retrouve dans l'organisme, mais qui proviennent de l'alimentation, et qu'on appelle des « acides gras ». Leur importance est maintenant bien documentée scientifiquement. Sans affirmer qu'ils peuvent changer la vie de l'enfant souffrant du TDAH, il est bon de bien comprendre les enjeux reliés à leur présence dans l'alimentation. Nous savons donc que les acides gras ont une incidence sur l'équilibre cardiovasculaire ainsi que sur la santé de notre cerveau et de notre sang. Les acides gras oméga sont toujours qualifiés « d'essentiels », parce que notre corps ne peut les fabriquer et qu'il faut par conséquent les retrouver dans notre alimentation. Or, ces éléments essentiels font partie d'une grande catégorie d'aliments, les lipides, et même si nous redoutons toute forme de graisse, plusieurs d'entre elles font partie d'un régime alimentaire équilibré. Le psychiatre français David Servan-Schreiber en a vanté les vertus dans son livre « Guérir le stress, l'anxiété et la dépression sans médicaments ni psychanalyse ».

Pour mieux comprendre leur apport dans l'organisme, en voici un aperçu qui pourrait être quelque peu aride. La grande famille des lipides se divise en trois groupes d'acides gras : les saturés, les monoinsaturés et les polyinsaturés. Ce qui les distingue précisément les uns des autres, c'est le nombre de doubles liaisons qui unit leurs atomes : les gras saturés n'en comportent pas, les monoinsaturés n'en comportent qu'une seule et les gras polyinsaturés en comportent plusieurs. Les oméga-3 et oméga-6 font partie de la dernière catégorie. Ces acides gras polyinsaturés participent à une foule de processus importants, dont la constitution et l'intégrité des membranes cellulaires, incluant les neurones, le fonctionnement du système cardiovasculaire, du cerveau en général et du système hormonal ainsi que la régulation des processus inflammatoires. Leur absorption déclenche de nombreuses enzymes qui provoquent une cascade de réactions chimiques. Ces réactions permettent au corps de fabriquer des substances essentielles à son bon fonctionnement. Les acides linoléiques et alphalinoléiques sont à l'origine des oméga qui produisent ce que l'on appelle les « prostaglandines ». Il existe trois types de prostaglandines (PG) : PG1, PG2 et PG3.

L'interaction des prostaglandines est complexe et peut être simultanée ou opposée. De plus, les réactions inflammatoires sont régulées par les PG1 et neutralisées par les PG3. L'équilibre cardio-vasculaire dépend grandement de l'action simultanée et concurrente de ces prostaglandines. En effet, les PG2 ont une action vasoconstrictrice, ce qui favorise l'agrégation des plaquettes : elles jouent un rôle antihémorragique. À l'inverse, les PG3 stimulent la vasodilatation et fluidifient le sang.

De nos jours, l'alimentation nord-américaine a grandement réduit la consommation des sources naturelles d'oméga-3 tel que les poissons gras. Cela entraîne qu'à l'exception d'une minorité, les enfants d'aujourd'hui présente un déficit dans ces substances essentielles à un développement optimal du cerveau. Il faut toutefois se méfier, car les fabricants d'aliments commercialisés font un usage abusif de la mention « source d'oméga-3 » sur les étiquettes de leurs produits. Même si les autorités gouvernementales réglementent la nomenclature en ce qui concerne les acides gras, la prudence est de mise. Il faut garder à l'esprit également que la qualité prime sur la quantité, ce qui signifie que l'équilibre précaire entre oméga-3 et oméga-6 doit être respecté. Pour respecter la complémentarité indispensable de ces substances, elles doivent être apportées au corps dans des proportions très précises : cinq grammes d'acide linoléique (AL/oméga-6) pour un gramme d'acide alpha-linolénique (ALA/oméga-3). Par ailleurs, on estime que l'alimentation des Occidentaux se situe plutôt entre dix et trente grammes d'oméga-6 pour un gramme d'oméga-3, ayant pour conséquence que l'excès d'oméga-6 empêche l'organisme de métaboliser de façon optimale les oméga-3.

Les aliments suivants sont de bonnes sources d'oméga-3

ORIGINE VÉGÉTALE : huile et graines de lin, huile et noix de Grenoble, graines et huile de chanvre, fèves de soja et huile de soya, huile de colza, huile de germe de blé, huile d'œillette sont des sources d'oméga-3 de type DHA.

ORIGINE MARINE : poissons et huiles de poissons gras comme le thon, la sardine, le saumon, le flétan, le maquereau, le hareng et le pilchard. Attention : seuls les poissons gras sauvages sont riches en DHA et en EPA[13]. Les poissons d'élevage ont une composition en acides gras différente, qui reflète leur alimentation (utilisation d'huiles végétales et de farines animales…).

Qu'en est-il alors des enfants qui souffrent du trouble déficitaire de l'attention ? Au début des années 1980, les chercheurs ont remarqué que ces jeunes pouvaient présenter des taux sanguins d'acides gras inférieurs à ceux d'enfants normaux. Une certaine similitude a été observée entre les symptômes d'une carence en acides gras et ceux du TDAH. En revanche, les études menées sur les suppléments en acides gras ont donné des résultats contradictoires. Les plus récentes et les mieux conçues d'entre elles ont permis d'observer des bénéfices, alors que d'autres ont conclu à un effet nul. Le type d'oméga-3 semble déterminant.

Il semble en effet que les oméga-3 de type EPA (ou AEP en français) soient supérieurs à ceux de type DHA (ou ADH). Ces

---

13. Abréviations de «acide docosahexaénoïque» et de «acide eicosapentaénoïque».

résultats encourageants motivent maintenant les spécialistes du déficit de l'attention à recommander systématiquement un ajout d'oméga-3 aux enfants présentant un tel trouble. Dans le meilleur des cas, une prescription de Ritalin pourra être évitée alors que dans d'autres, on peut espérer que la dose nécessaire soit moins grande. Il faut cependant garder à l'esprit qu'en plus de fournir un effet de moins grande intensité que les psychostimulants, les oméga-3 mettent aussi plusieurs semaines avant d'être efficaces.

La question du sucre...

De nombreux parents affirment que leur enfant est plus agité lorsqu'il a mangé de grandes quantités de sucre. On comprend donc la réticence de certains à en donner à leur enfant souffrant du déficit de l'attention avec hyperactivité. Mais pour valider une telle affirmation, une démarche rigoureuse serait donc nécessaire. Des chercheurs devront regrouper plusieurs enfants du même âge, en s'assurant que leur alimentation soit comparable, et trouver une bonne mesure du comportement afin d'évaluer leur agitation. Ces enfants devront ensuite être divisés en deux groupes. Un groupe continuera d'être alimenté comme à l'habitude alors que l'autre recevra une plus importante quantité de sucre dans son alimentation, et ce, pour une durée déterminée et suffisamment longue pour établir un constat. Pour chaque groupe, on mesurera le comportement, l'agitation avant, pendant et après la prise de sucre…

Une telle étude est presque impossible à faire. Celles qui s'en approchent le plus tendent à démonter que le sucre n'a pas d'effet sur l'agitation des enfants en général, pas plus que sur celle des enfants hyperactifs. Si des parents décidaient de retirer le sucre de l'alimentation de leur enfant, ils lui rendraient certainement un grand service, mais ils ne doivent pas s'attendre à ce que le comportement de leur enfant s'en trouve transformé. Bien que le sens commun des parents puisse croire le contraire, le retrait du sucre peut tout au mieux atténuer légèrement l'agitation d'un enfant, sans toutefois suffire à le rendre attentif pendant son cours de mathématiques.

Il va sans dire qu'un changement aussi radical de l'alimentation ne se fait pas sans heurts. Si vous décidez de tenter l'expérience avec votre enfant, attendez-vous à ce que le chemin soit ardu. Évidemment, nous souhaitons que ce changement ait une influence positive sur son problème. L'efficacité d'une telle démarche n'est pas reconnue scientifiquement, mais elle ne représente pas un danger potentiel et peut même s'avérer avantageuse pour tout le monde.

...et des colorants alimentaires

Une controverse semblable à celle du sucre a existé dans les années 1970 et se fait encore entendre de temps à autre. Elle concerne la présence de colorants alimentaires artificiels dans l'alimentation des enfants. Certains médecins se sont montrés très catégoriques et déterminés en affirmant que ces substances étaient responsables de ce qu'on appelait à l'époque l'« hyperkinésie ». Malheureusement, là encore, les études sérieuses n'ont pu soutenir cette affirmation. Cela n'implique pas pour autant que ces substances sont bonnes pour la santé ou qu'elles sont sans effet, mais plutôt que leurs effets ne sont pas en cause dans l'agitation des enfants. Si un parent décide de les retirer de l'alimentation de son enfant, il doit le faire pour des considérations de santé tout à fait valables, sans s'attendre à constater un changement dans la capacité de concentration de son jeune.

Les combinaisons mégavitaminiques multiples

En ce qui concerne les traitements prétendant suppléer la médication, notamment la théorie des combinaisons mégavitaminiques multiples, la plus grande prudence s'impose. Plusieurs options se sont révélées inefficaces ou carrément dangereuses pour la santé des enfants, et c'est le cas de cette théorie qui n'a pas été abordée pour une raison fort simple : son efficacité est douteuse et son potentiel de toxicité élevé.

L'HOMÉOPATHIE ET LES PRODUITS NATURELS

Puisque de nombreux parents font davantage confiance aux produits naturels qu'aux médicaments, des marchands sont là pour leur en proposer. Bien entendu, les consommateurs n'exigent généralement pas des études aussi rigoureuses qui démontrent l'efficacité et l'absence d'effets secondaires de ces produits que ce que le gouvernement exige pour les médicaments issus de l'industrie pharmaceutique. Pourtant, tout produit que l'on ingurgite, qu'il soit naturel ou chimique, doit être adopté avec discernement. Un produit naturel peut être potentiellement dangereux pour l'organisme s'il est mal dosé, s'il interagit avec un autre ou avec un médicament sur ordonnance, ou s'il n'est tout simplement pas approprié. Ainsi, la consommation de millepertuis par quelqu'un qui prend également un antidépresseur peut s'avérer dangereuse. Ces produits se retrouvent (la plupart du temps) en vente libre à la pharmacie. Certains détaillants sont spécialisés en homéopathie et en naturopathie. Si vous pouvez vous procurer ces produits à votre guise, cela ne signifie pas pour autant qu'il faille les prendre à la légère. La supervision et les conseils d'un spécialiste sont indispensables.

Dans le cas du déficit de l'attention et de l'hyperactivité, peu de produits homéopathiques ou naturels ont fait l'objet d'études rigoureuses et ceux qui y ont été soumis se sont révélés très peu efficaces. Autrement dit, l'importance des changements apportés ne dépasse pas ceux de l'effet placebo. Une seule substance fait exception, les oméga-3 de type EPA. Certaines recherches sérieuses démontrent un effet positif à long terme. Cela doit toutefois être confirmé par d'autres études. Quelques recherches font aussi mention des sulfates de zinc comme produit naturel potentiellement aidant.

Le lecteur trouvera aux pages suivantes une description des différents produits naturels offerts sur le marché. Cela n'implique aucune quelconque efficacité. De plus, à l'heure actuelle, aucun produit naturel ne s'est malheureusement avéré aussi efficace à court, à moyen et à long terme que les psychostimulants. Ces informations sont plutôt présentées pour les personnes qui verraient dans l'homéopathie et les produits naturels des traitements légitimes pour la distraction et l'hyperactivité.

Le principe de l'homéopathie n'est pas récent. Il remonte même, semble-t-il, au temps d'Hippocrate, qui affirmait qu'il fallait combattre le mal par le mal pour espérer atteindre la santé. Mais ce n'est qu'au XIXᵉ siècle qu'un physicien allemand du nom de Samuel Hahnemann a appliqué ce principe pour soigner ses patients. Trois éléments fondamentaux définissent la thérapie homéopathique : la similitude, la globalité et la dilution. Aussi, le médicament est associé au sujet, car ce lien tient compte du type de personnalité.

La similitude

Prenons une personne qui souffre d'une vilaine piqûre d'abeille. Nous savons qu'il y aura enflure, brûlure et rougeur au niveau de l'épiderme. Cela peut sembler complètement farfelu, mais selon les principes homéopathiques, cette même composition de venin sera en mesure de guérir une telle lésion. *Apis*, un ingrédient actif constitué entièrement d'abeilles, soulagera les symptômes de piqûres d'insectes.

Toutefois, lorsqu'on souhaite traiter certains troubles comme celui de l'attention ou de l'hyperactivité, les choses se compliquent. En fait, il est préférable de ne pas administrer une dose d'angoisse pour traiter l'enfant anxieux.

La globalité

Voilà un principe intéressant qui s'oppose en grande partie à la vision de la médecine occidentale moderne. L'homéopathe considère l'individu dans sa globalité, il porte attention à toutes les affirmations du patient et à toutes ses plaintes. Contrairement aux médecins, il cherche lequel de ses élixirs contient la toxicité qui se rapproche le plus de son observation. Cette approche est à contre-courant parce qu'elle considère, d'une part, l'être humain non seulement dans sa globalité, mais aussi dans sa relation avec son environnement et, d'autre part, elle cherche à combattre le feu par le feu.

La dilution

Les produits homéopathiques sont préparés à partir de souches d'origine végétale, minérale ou animale. Celles-ci sont macérées dans l'alcool pour donner ce que l'on appelle la « teinture-mère ». Le produit est ensuite plus ou moins dilué, en fonction de la concentration de l'ingrédient actif que l'on souhaite obtenir. Selon les principes de base de l'homéopathie, le produit le moins dilué ne sera pas moins efficace pour autant. En fait, c'est plutôt le contraire.

Il existe un remède homéopathique à base d'une plante hautement toxique. *Aconitum napellus*, un végétal produisant une fleur magnifique, peut tuer un homme en quelques minutes à peine avec quelques milligrammes d'agent actif. Sa toxine provoque la paralysie des organes vitaux et des voies respiratoires. En revanche, utilisée comme produit homéopathique, cette plante peut s'avérer bienfaisante. Difficile à croire qu'un poison de cette nature puisse nous faire du bien ! Ce remède a toutefois une action de très courte durée. Et, on s'en doute bien, il doit être extrêmement dilué.

Les minéraux

Les minéraux auraient aussi leur utilité dans le domaine homéopathique. En effet, *aurum metallicum* est un minéral destiné aux petits rebelles, comme l'enfant qui ne tolère pas qu'on le contredise, qui est violent, susceptible et querelleur. Il a besoin, pour se développer en harmonie, d'une ambiance familiale et scolaire sereine et exempte de violence et de conflits. Ce remède serait aussi extrêmement utile pour les affections cardiaques, rhumatismales ainsi que pour les dépressions les plus graves avec tendance suicidaire. De plus, il serait aussi tout indiqué pour les douleurs arthritiques, l'hypertension et la dépression postpartum.

Le traitement du TDAH : produits purs et combinaisons

Parmi les produits qui pourraient aider dans le cas du déficit de l'attention et de l'hyperactivité, on retrouve des produits purs et des combinaisons.

Dans la première catégorie, Nux Vomica est un traitement homéopathique à base végétale. Ses indications sont multiples, allant de la surexcitation au lit jusqu'au mal des transports. La monographie indique cependant que le produit traite les troubles digestifs. En revanche, les effets secondaires du produit peuvent soigner un autre problème, comme c'est le cas avec certains médicaments dont les antihistaminiques, qu'on utilise parfois pour contrer l'insomnie puisqu'ils provoquent (certains, pas tous) la somnolence. Selon le principe de globalité, le produit ne doit pas être considéré comme la seule option.

Lachesis, un autre produit pur important de la grande famille homéopathique, tire son nom de la problématique de l'abandon chez l'enfant. C'est sans doute la raison pour laquelle les symptômes psychiques qui sont visés par ce produit sont l'angoisse, l'insomnie et la jalousie. Et ces angoisses prennent de multiples formes : pessimisme dans l'avenir, hypocondrie, peur de la nuit, etc. D'autres pathologies sont aussi concernées comme les infections de la gorge, l'asthme infantile, le rhume des foins et les affections intestinales.

L'Ignatia Amara est un remède pur qui posséderait des vertus qui serviraient à traiter l'anxiété. Cet amalgame homéopathique pourrait s'avérer efficace pour l'enfant angoissé. On dit que les personnes facilement excitables, celles dont les émotions sont à fleur de peau ainsi que celles dont l'humeur est mélancolique ou morose, peuvent en ressentir les effets thérapeutiques. Ce produit est aussi appelé « Fève de Saint-Ignace ».

Du côté des combinaisons, le Cerebrum Compositum — « rassembler la tête, réunir le cerveau », signification plus ou moins précise de cette expression latine — contient des ingrédients dont les indications sont multiples. Étant donné que son spectre d'action est très large, il peut convenir aussi bien pour des personnes souffrant de problèmes de dépression que pour des enfants autistes. Comme vous vous en doutez sûrement, certaines personnes l'ont adopté pour aider avec les symptômes du TDAH. L'ennui avec ce produit, comme avec la plupart des amalgames homéopathiques, c'est qu'on ne sait trop ce qu'il contient. De plus, nous nous heurtons à notre ignorance en ce qui concerne ce produit. Ses effets thérapeutiques peuvent varier énormément et aucune étude scientifique ne peut témoigner de son efficacité. Il est de plus difficile de se le procurer, car il est fabriqué en Allemagne. Malgré tout, certaines personnes qui consomment ce produit s'en disent satisfaites. Des données anecdotiques confirmeraient son efficacité.

Boiron, un fabricant de produits homéopathiques, commercialise une solution nommée Nervita, offerte en comprimés ou en sirop. Chacun des ingrédients actifs est accompagné de ses indications d'efficacité, notamment le *kalium bromatum* qui serait efficace pour contrer l'agitation physique, surtout des extrémités (mains et pieds), la difficulté à tenir en place, la mémoire défaillante et les problèmes de concentration en cas de surmenage intellectuel.

La compagnie ne donne pas de consignes explicites en ce qui concerne le TDAH. En revanche, la difficulté de concentration est un problème que le Nervita prétend soulager.

Pour sa part, le fabricant de produits homéopathiques Homéocan possède une gamme pour enfants. Parmi celle-ci, L'enfant calme, offert en sirop, est destiné à remédier à l'hyperactivité. Dans cet élixir, on retrouve des ingrédients connus, comme l'acide phosphorique et la valériane.

RELAXATION : MÉDIATION ET MASSAGE

La méditation et le massage sont des techniques simples à apprendre et à pratiquer qui peuvent mener à un état de relaxation. Toute personne dans l'entourage d'un enfant souffrant de troubles de l'attention peut profiter des bienfaits résultant de l'une ou l'autre de ces techniques. Ainsi, l'enfant agité ou distrait pourrait connaître des moyens pour s'aider à se comporter autrement. Cependant, ces techniques ne conviennent pas à tous, car l'enfant doit être conscient de ses difficultés générales à se contenir et de l'état particulier dans lequel il se trouve, dans une situation précise. Un adulte pourrait initialement guider l'enfant qui connaît déjà une technique et l'aider à la mettre en pratique. Une très bonne collaboration doit toutefois provenir de l'enfant, ce qui n'est pas souvent le cas des enfants avec un déficit de l'attention et de l'impulsivité. En ce qui a trait à la méditation, le but à atteindre est que l'enfant maîtrise sa pensée pour arriver à la maintenir en suspens durant une période de temps déterminée. La relaxation qui s'ensuit mène à un état de détente physique. La méthode de Jacobson, qui est davantage une technique de relaxation que de méditation, est souvent employée avec les enfants. Elle consiste à mettre en contraste l'état de relaxation et l'état de tension par diverses contractions musculaires.

La méditation

Dans l'esprit d'un enfant souffrant du TDAH, les idées se succèdent souvent à un rythme très rapide. Pour certains, il est très exigeant de visualiser une idée et de la maintenir en place durant une assez longue période. Les exercices de méditation sont un bon moyen d'acquérir cet autocontrôle nécessaire pour se relaxer et apprendre à prolonger progressivement la période d'inertie mentale. Parmi les méthodes de relaxation, on compte le massage et même l'automassage. Il ne faut effectivement pas oublier que certains de ces enfants ont une propension au toucher et au contact par la peau. Ils aiment bouger par-dessus tout. La détente par le massage peut s'avérer un bon outil pour eux.

Les enfants anxieux bénéficieront encore davantage des bienfaits de la méditation et de la relaxation. L'angoisse et l'anxiété diminueront en intensité, ce qui leur permettra, par le fait même, de se concentrer davantage, parce que nous savons que ces états réduisent le degré de concentration des enfants. Rappelons-nous que la méditation permet d'avancer vers notre bonheur. La prémisse derrière la méditation et les techniques de relaxation sous-entend que le bonheur durable et stable est à la portée de tous et qu'il vient uniquement de l'esprit.

En réalité, la méditation nous permet de nous accepter tel que nous sommes et de freiner notre activité mentale incessante. Cette pratique a pour but de nous amener à maîtriser notre esprit, mais aussi de nous permettre de connaître notre nature profonde et celle de la vie. Pour y arriver, il nous faut faire preuve de patience. En revanche, les résultats sont constants et vérifiables, et on adopte une autre façon de penser. Les effets physiologiques peuvent s'observer comme suit :

- une diminution des besoins en oxygène ;
- une diminution du rythme cardiorespiratoire ;
- une importante augmentation de l'efficacité des poumons et des bronches.

Sur le plan psychologique, les bienfaits de la méditation sont multiples. En effet, nous pouvons affirmer d'emblée que le sujet qui médite favorise son actualisation. On remarque, entre autres, une augmentation de l'autonomie, de la spontanéité, de l'acceptation et du respect de soi, de même qu'une plus grande aptitude à créer des liens avec autrui et une meilleure tolérance à l'agression.

Il existe une multitude de techniques et d'approches différentes. Il y a la méditation transcendantale, le Zen, la méthode Rolfing et bien d'autres. Les parents qui voudront tenter cette pratique doivent s'attendre à ce que les résultats mettent du temps à apparaître et que leur amplitude soit modeste, car il s'agit bien plus d'une démarche spirituelle et d'un adjuvant que d'une solution de remplacement à d'autres interventions. Il en est de même pour l'approche suivante, le massage.

Le massage

La pertinence d'inclure une section sur le massage dans un livre qui traite du déficit de l'attention provient du fait que cette pratique, tout comme la méditation et la relaxation, favorise un état de détente. De plus, certains enfants affligés par le trouble du déficit de l'attention manifestent davantage d'intérêt pour le corps. Par conséquent, ils ont parfois tendance à bouger au lieu d'écouter, à ressentir diverses sensations physiques plutôt qu'à être attentif en écoutant ou en regardant. Le massage pourrait donc satisfaire ces enfants en leur apportant une stimulation recherchée. Une fois leurs besoins sensoriels saturés, ils pourraient mieux se concentrer sur les informations qu'on souhaite leur transmettre.

Il existe une foule de techniques : le massage suédois, le massage californien, le Shiatsu, le Reiki, l'Esalen, la réflexologie, le massage sportif et bien d'autres. Une technique s'avère particulièrement intéressante : le massage Trager. Peu connue, cette approche ne compte malheureusement pas un grand nombre de spécialistes certifiés en la matière. Elle tire son nom du médecin Milton Trager qui a proposé, au début du siècle dernier, de manipuler le corps d'une façon différente, particulièrement celui de personnes souffrant de paraplégie et tétraplégie. Au Québec et en France, il existe des associations qui réglementent la pratique du massage Trager. Les praticiens suivent une formation qui leur permet de prodiguer les soins thérapeutiques rattachés à cette méthode.

L'approche du massage Trager se différencie complètement des autres techniques de massage. En effet, le Trager n'implique pas de pétrir, de tapoter ou de lisser le muscle, mais plutôt de produire un effet de bercement, comme si l'on se retrouvait dans les bras de sa mère, tout petit bébé. En utilisant la mobilisation passive des muscles et des articulations, il se produit une impression sensorielle particulière qui diffuse une grande détente à l'ensemble du système nerveux. Ce qui rend l'approche intéressante, c'est notamment le fait que le docteur Trager insistait sur l'étroite relation entre le physique et le psychique qui est dirigée par l'inconscient. Il soulignait «l'intime association neurologique entre les stimulations sensorielles, les émotions, les attitudes, les concepts et les réponses motrices du corps à tout cela ». Des chercheurs ont même avancé que cette sensation de bercement, qui stimule certaines zones du cerveau, atténuerait les effets de la privation maternelle.

La séance, qui dure normalement 90 minutes, se déroule dans un environnement habituellement chaud et confortable ; le patient est allongé sur le ventre, sur une table à massage traditionnelle. Le thérapeute débute par une série de mouvements doux qui bercent le corps sans effort. Le patient fait l'expérience d'une nouvelle façon de se mouvoir, mais surtout d'être mû. Les muscles ne sont pas forcés lorsque des tensions ou des nœuds s'interposent. Le praticien va surprendre le membre en lui faisant prendre une trajectoire insoupçonnée. Il peut, par exemple, tenir une jambe du patient, la laisser tomber, et la rattraper soudainement. Lorsque les bienfaits recherchés se font sentir, ils peuvent ainsi perdurer et s'imprégner dans la mémoire corporelle. Les résultats positifs deviennent plus nets, plus profonds et le sujet se montre plus réceptif à recevoir ces changements bénéfiques.

Il s'agit d'un véritable apprentissage qui s'enrichit au cours des séances de massage. Les effets thérapeutiques de cette approche sont multiples : énergie, vitalité, optimisme, meilleure posture, meilleure capacité de relaxation, sommeil récupérateur, disparition de certains symptômes psychosomatiques et meilleure concentration. La méthode de H. Wintrebert s'y apparente sensiblement, mais elle concerne plus spécifiquement l'enfant. Tout d'abord, les membres du jeune sont manipulés (balancements, élévations, chutes) et ensuite, dans une deuxième étape, on invite l'enfant à se centrer tour à tour sur différentes parties de son corps. Enfin, il réalise des exercices actifs de mobilisation, de posture ou de relâchement.

Les effets bienfaisants des massages, aujourd'hui connus et reconnus, peuvent venir en aide aux enfants à bien des égards. La technique ne donnerait comme seul résultat que d'apprendre à l'enfant à se détendre que ce serait déjà un progrès énorme. Une telle démarche pourrait s'avérer extrêmement bénéfique pour le jeune qui se développe et apprend à se connaître. Les petits anxieux, nerveux, hyperactifs, préoccupés, angoissés, inattentifs, agressifs, impulsifs, peu confiants se retrouveraient ainsi propulsés sur le chemin de la découverte et de l'épanouissement.

Bien entendu, cette approche thérapeutique doit être considérée dans une perspective de complémentarité. Nous ne pouvons l'envisager comme une solution complète et unique. En revanche, la piste de la relaxation et de la méditation mérite grandement notre attention. Toutefois, il faut savoir que ce n'est pas avec la relaxation que l'enfant reprendra le contrôle sur son hyperactivité, qu'il maîtrisera mieux son instabilité. De cela, il n'en est rien. En réalité, c'est plutôt l'inverse : l'enfant, par cette expérience, apprendra à se laisser aller, à perdre le contrôle en quelque sorte. Une séance de relaxation bien menée lui permettra d'apaiser sa motricité compulsive, ne serait-ce que quelques instants. L'enfant entre en contact, en communion avec son corps autrement que dans l'action, il en découvre les limites sans se heurter à des objets ou à des contraintes. Dans l'action, son corps n'a justement aucune limite. Or, durant la période consacrée à la relaxation, il expérimente la limite, il prend conscience que chaque partie de son corps est délimitée par une autre. L'intervention du thérapeute prend la forme d'un toucher qui imprime des mots sur son corps, des mots dont la signification est autre que « non ! ».

« L'ALTERNATIVE » DE L'ÉCOLE

L'école traditionnelle et régulière est généralement mal adaptée pour l'enfant lunatique qui présente un déficit de l'attention. Il risque alors d'être oublié par son enseignant dont le groupe compte trop d'enfants et qui doit consacrer beaucoup de temps et d'énergie à gérer les comportements négatifs d'autres enfants. Au fil des ans, le jeune peut donc accuser des retards ou des trous dans ses apprentissages qui compliqueront tôt ou tard sa formation. Il ne s'agit pas à proprement parler d'un trouble d'apprentissage, mais la distinction peut être difficile à faire. De plus, l'inévitable monotonie reliée à l'enseignement de certains concepts peut s'avérer démotivante pour celui qui a besoin d'une implication plus active pour apprendre.

Quant à l'enfant souffrant d'un déficit de l'attention avec hyperactivité, il sera contraint de rester assis longtemps, de ne s'exprimer que lorsqu'on le lui permet, d'une façon avec laquelle il n'est pas nécessairement à son aise (verbalement plutôt que par gestes), de s'intéresser à la matière qu'on a choisie pour lui. En plus, il sera l'objet de remontrances nombreuses et de punitions fréquentes pour ses écarts de conduite. Chose certaine, il ne passera pas inaperçu. Son manque d'attention risquera aussi de lui rendre certains apprentissages plus difficiles et l'isolera, car souvent les autres ne voudront pas travailler avec lui.

Dans cette optique, l'école alternative peut sembler très attrayante pour les parents de ces enfants. Il s'agit d'un type d'école où la pédagogie se fait beaucoup par projets individuels ou d'équipe. On cherche principalement à valoriser les initiatives de ces enfants et leur autonomie. Les parents sont appelés à s'impliquer activement, pas seulement dans les devoirs, mais aussi dans le fonctionnement de la classe et de l'école. Les groupes souvent plus restreints permettent une approche éducative plus individualisée et une meilleure connaissance de l'enfant par son enseignant. Les enfants ont beaucoup d'espace pour s'exprimer, pour échanger, pour interagir auprès de leurs camarades de classe. Ils sont considérés dans leur globalité comme des êtres qui ont besoin de communiquer pour s'épanouir. La communication apporte inévitablement une dynamique, de l'écoute et de la parole, un engagement à part entière dans la communauté. Autour d'une école alternative, il se forme souvent un petit noyau social où les parents, les enseignants et les enfants s'unissent pour réaliser des projets, pour contribuer à créer une atmosphère stimulante pour l'apprentissage et pour agrémenter la vie de quartier.

Ainsi, lorsque des élèves vivent des difficultés, que ce soit en lien avec leur apprentissage scolaire, leur vie de famille ou leur vie à l'école, ou encore quand un parent se heurte à des obstacles dans son cercle familial, nul n'est seul. Les parents échangent, discutent, s'entraident ; ils sont en mesure de comprendre la réalité que chacun vit et de trouver, ensemble, des solutions aux problèmes.

Les parents qui inscrivent leur enfant à l'école alternative s'engagent dans un cheminement particulier. Certes, ils choisissent un établissement scolaire reconnu pour la qualité de son enseignement et l'excellence de ses ressources humaines. Mais cela implique également que tous s'engagent dans cette aventure avec leur enfant et qu'ils l'accompagnent sur la route de l'apprentissage et de la vie communautaire. De plus, un enfant d'âge primaire bénéficie grandement d'un droit de parole et, surtout, de l'écoute de la part du professeur et de ses pairs. En classe, le jeune peut s'exprimer, il est même encouragé à le faire. Monsieur Marc Croteau, le directeur de l'école alternative primaire Élan, située à Montréal, le confirme : « Nous appuyons vraiment cette approche que nous jugeons très créative dans nos salles de classe. Les enfants développent beaucoup d'assurance lorsqu'il est question de s'exprimer et d'affirmer leurs idées. Ça fait une différence énorme quand il s'agit de les préparer pour leur entrée à l'école secondaire. »

« École alternative » ne signifie pas que l'enfant est libre de faire tout ce qu'il veut, et seulement ce qu'il veut. M. Croteau le précise lorsqu'il décrit l'approche pédagogique utilisée dans son école : « Cette philosophie ne comporte pas que des avantages. Les enfants s'amusent parfois à tester les limites en prenant plus que ce à quoi ils ont droit. Il faut comprendre que plusieurs proviennent de milieux aisés, où l'autorité peut parfois prendre une bien drôle de forme. Ici, nous donnons beaucoup de liberté d'expression aux jeunes, mais ils doivent aussi travailler et fournir des efforts dans les matières à étudier. Ça demande du sérieux. Nous tenons à inculquer des valeurs aux élèves mais, en même temps, nous ne voulons pas perdre de vue l'aspect disciplinaire que comporte tout engagement dans le travail scolaire. Par moment, il faut sévir, il faut imposer une certaine autorité. Mais cela se fait toujours dans le respect. Nous avons parfois affaire à des enfants-rois qui ont le droit de pratiquement tout faire à la maison. Ils ne sont pas tous comme ça, mais quelques-uns se présentent à l'école sans avoir la moindre idée de ce que signifie le mot « autorité ». Ces enfants sont très individualistes, demandent beaucoup d'attention et ont parfois une très forte personnalité. Ils ne sont visiblement pas habitués à fournir des efforts pour obtenir quelque chose. Nous devons le leur enseigner et la tâche est parfois ardue.»

Comme pour toute école, l'école alternative au primaire a pour objectif d'amener l'enfant à assimiler des connaissances de base en français, en mathématiques et dans quelques autres matières. En revanche, les valeurs que les intervenants en milieu alternatif tentent de transmettre, de même que la philosophie par rapport à l'enseignement et à l'engagement des parents, font toute la différence. Il n'y a certes pas de milieux parfaits et libres de tout obstacle : des enfants en difficulté s'y retrouvent aussi et les intervenants tentent au mieux de leurs capacités de les aider dans leur cheminement. Cet hymne à la communication, au partage, à la résolution de conflits, à l'engagement, au dévouement, à la générosité et à la réussite scolaire influence nécessairement le cours des événements, en particulier en ce qui concerne les enfants qui font face à certaines difficultés. Pour un jeune qui souffre du TDAH, le fait de se retrouver dans un environnement aussi propice à l'épanouissement peut certainement lui venir en aide.

Malheureusement, les écoles alternatives sont peu nombreuses au Québec et les places très convoitées. On pourrait alors être tenté de se réjouir de la réforme actuelle du système d'éducation qui reprend à son compte plusieurs des principes de l'école alternative, dont les compétences transversales et l'apprentissage par projet. Il y a toutefois loin de la coupe aux lèvres et le système d'éducation a grandement besoin de modifications pour s'adapter à ces enfants qui sont aux prises avec des difficultés considérables à s'adapter à leur environnement.

Pour aider leur enfant, les parents peuvent chercher à établir un climat de collaboration et d'ouverture avec la direction et l'enseignant. Il peut être tentant de vouloir à tout prix protéger son petit chéri qui raconte, le soir venu, les horreurs que son enseignant lui fait vivre. Il ne faut alors pas oublier à quel point, comme parents, nous pouvons parfois nous sentir dépassés par les gestes et les paroles de notre enfant, ni oublier que celui-ci éprouve souvent de la difficulté à reconnaître ses torts dans une situation problématique donnée. Il ne faut pas non plus prendre systématiquement le parti de l'enseignant et blâmer l'enfant. Une approche centrée sur les solutions s'avère la plus rentable, même si elle demande beaucoup d'énergie et de temps. Par exemple, si notre enfant revient de l'école en disant que son professeur l'a puni injustement à cause d'un autre enfant, on peut écrire à l'enseignant. Dans notre lettre, on l'informera que notre enfant se sent souvent incompris et puni injustement et que, lorsque cela arrive, en tant que parent, on a remarqué qu'il devenait plus provocant et opposant. On peut réaffirmer notre disponibilité pour discuter avec l'enseignant (en compagnie de notre enfant, si nécessaire) de solutions qui éviteront que des événements semblables ne se reproduisent fréquemment.

Bien entendu, tous les enseignants ne réagiront pas de la même manière à une telle invitation. Le but est d'éviter un conflit ouvert avec l'enseignant, car cela saboterait l'autorité de l'école, et notre enfant en serait la première victime. Au besoin, il est possible de solliciter rapidement la médiation de la direction. Il faut toutefois être conscients que la réaction de la direction sera d'une efficacité plus ou moins grande, car l'attitude de notre enfant varie beaucoup en fonction de celle des autres à son égard. La personnalité de la personne qui se trouve en face de lui compte pour beaucoup. Des discordances peuvent survenir, c'est-à-dire des antipathies entre notre enfant et un enseignant, ou une incompatibilité entre le besoin de notre enfant de recevoir à la

fois de la constance dans les limites et de la chaleur dans les interactions et les capacités de l'enseignant à les lui fournir. Idéalement,
la direction de l'école devrait pouvoir apparier les besoins de
l'enfant et les caractéristiques des enseignants. Évidemment,
aucun professeur n'aimerait recevoir dans sa classe tous les enfants
difficiles d'un niveau. C'est oublier cependant que ces enfants
s'adaptent plus difficilement aux autres et que leur rigidité peut
rendre une année scolaire très difficile, à la fois pour eux-mêmes,
pour leur enseignant et pour tous les enfants de la classe. Il arrive
néanmoins que les directions écoutent les suggestions qu'on leur
donne, pourvu qu'elles ne ressemblent pas à des exigences.

LE SYSTÈME MF

Certains enfants vivent avec une déficience d'attention qui nuit
principalement à leur attention auditive. Ce désordre pourrait
être ce qu'on appelle un « trouble d'audition centrale ». Il ne s'agit
alors pas d'une surdité, mais bien d'une difficulté qu'éprouve le
cerveau, plus précisément des aires auditives secondaires, à déterminer, parmi tous les bruits entendus simultanément, ceux qui
sont importants et ceux qui sont secondaires, ceux qui concernent
la voix d'un interlocuteur de ce qui n'est qu'un bruit ambiant.
Pour des élèves qui vivent un tel problème, les écoles bénéficient
d'un système MF, c'est-à-dire un appareil qui retransmet sur les
ondes radio ce que le professeur dit à toute la classe. L'enfant, qui
porte des écouteurs, entend donc la voix de son professeur sans
entendre tous les bruits environnants. Les parents peuvent en faire
la demande auprès de la commission scolaire, mais ils ont peu de
chances de recevoir une réponse favorable en raison du coût élevé
de cet appareil. De plus, ce système est généralement réservé aux
cas de problèmes auditifs.

Autres ressources

Pour les parents dont l'enfant a récemment reçu un diagnostic médical du TDAH, ou encore pour ceux qui sont à cours de ressources, il existe quelques pistes à explorer, entre autres du côté d'Internet. Une liste de certains sites susceptibles de fournir de l'information utile et de renseigner les parents qui désirent en apprendre davantage sur le sujet se trouve à la suite de cette troisième partie.

La première étape du processus qui consiste à apprendre à composer avec un enfant souffrant du TDAH devrait être de contacter le CLSC. En demandant de l'aide à l'accueil psychosocial, le parent obtiendra un rendez-vous avec un intervenant du milieu. Cela peut prendre plusieurs mois. L'intervenant sera en mesure de diriger le parent et l'enfant vers des ressources adaptées à leurs besoins. Il existe plusieurs programmes pour assister les parents dont les enfants sont en difficulté.

Ensuite, si l'enfant a fait l'objet d'un diagnostic du trouble déficitaire de l'attention avec ou sans hyperactivité, il est fort probable que ce soit son enseignant ainsi que les autres intervenants en milieu scolaire (orthopédagogue, psychologue, éducateur spécialisé, infirmier, directeur, etc.) qui ont sonné l'alarme. Dans ce contexte, le parent a tout intérêt à entretenir une relation privilégiée avec ces personnes qui sont aussi là pour l'aider. En principe, une rencontre avec les parents devrait avoir lieu avant qu'un diagnostic soit posé et qu'une visite chez un pédiatre ou un pédopsychiatre soit recommandée.

Dans les cas où les comportements de l'enfant sont dérangeants, les intervenants scolaires proposeront un plan d'intervention. Les parents devraient être consultés avant qu'un tel programme soit mis en application. De plus, leur implication est primordiale. Certains parents réagissent mal lorsqu'ils apprennent du directeur d'école ou de l'intervenant psychosocial que leur fils ou leur fille éprouve des difficultés de cette nature. Évidemment, ce n'est pas le genre de nouvelle que l'on souhaite entendre. En revanche, malgré la colère et l'indignation que tout parent peut ressentir par rapport à l'incapacité de l'école à composer avec le problème de l'enfant — malgré toutes les bonnes intentions des enseignants et enseignantes — la relation que le parent entretiendra avec les différentes personnes qui travaillent quotidiennement avec le jeune peut s'avérer déterminante. La collaboration est toujours de mise lorsqu'il faut faire face à de telles difficultés.

Au Québec, l'association PANDA (Parent Apte à Négocier avec le Déficit de l'Attention) vient en aide aux parents d'enfant qui souffre du déficit de l'attention. Il s'agit d'un organisme à but non lucratif dont les membres sont les parents eux-mêmes. Le site Internet constitue une bonne source d'information, mais il y a plus. L'organisme tient des rencontres avec les parents au cours desquelles des échanges intéressants sur le plan émotif et social ont lieu. Outre ces soirées, les parents peuvent obtenir de la documentation et être renseignés quant aux différentes ressources offertes pour les aider : psychoéducateurs, travailleurs sociaux, lignes téléphoniques, trousse d'aide pédagogique, etc. Cet organisme met à profit un plan d'action régional qui mise sur les ressources du milieu pour assister les parents et les enfants. Voici les coordonnées de cette association :

PANDA
Téléphone : 514 352-7103
Adresse : 8370, rue Curé-Clermont
Montréal (Québec) H1K 1Y1

En plus de cette association, certains centres hospitaliers offrent également des rencontres avec les parents d'enfants souffrant du TDAH.

Sites français

Organismes, regroupements, ordres professionnels et autres

Association québécoise pour les troubles d'apprentissage
http://www.aqeta.qc.ca

Regroupement des associations de parents PANDA du Québec
http://associationpanda.qc.ca/regroupement

Sites anglais

Organismes, regroupements, ordres professionnels et autres

National Institute of Mental Health — ADHD
http://www.nimh.nih.gov/publicat/adhd.cfm
http://www.nimh.nih.gov/publicat/helpchild.cfm

Diagnosis and Management of Attention Deficit Hyperactivity Disorder in
Primary Care — Institute for Clinical Systems Improvement
http://www.icsi.org/knowledge/detail.asp?catID=29&itemID=163

Agency for Health Care Policy and Research (AHCPR) –
Diagnosis of Attention-Deficit/Hyperactivity Disorder
http://www.ahcpr.gov/clinic/epcsums/adhdsutr.htm

Diagnostic : 2000 American Academy of Pediatrics Clinical Practice
Guidelines (plusieurs liens intéressants)
http://pediatrics.aappublications.org/cgi/content/abstract/105/5/1158

Traitement : 2001 American Academy of Pediatrics Clinical Practice
Guidelines
http://www.guideline.gov/summary/summary.aspx?doc_id=3072&nbr=22
98&string=TDAH

American Academy of Family Physicians — The Child with ADHD
http://aafp.org/afp/20010501/1803.html

National Institute of Health – Diagnosis and Treatment of Attention Deficit Hyperactivity Disorder
http://consensus.nih.gov/1998 /1998AttentionDeficitHyperactivityDisorder110html.htm

Attention Deficit Hyperactivity Disorder Resources in Canada
http://www.attentiondeficitdisorder.ws/links/resourcesincanada.html

Children's Virtual Hospital — Attention Deficit Hyperactivity Disorder
http://www.vh.org/pediatric/patient/pediatrics/cqqa/adhd.html

Children and Adults with Attention-Deficit/Hyperactivity Disorder
http://www.chadd.org

EN CONCLUSION...

La raison d'être de ce livre concerne le débat autour de la question du trouble de déficit de l'attention et du Ritalin. Le but premier était d'informer le lecteur des faits réels et actuels concernant ce problème de santé qui touche des milliers d'enfants, d'adolescents et d'adultes. D'autre part, il s'agissait de proposer des pistes à explorer avec l'enfant pour compléter adéquatement une médication suggérée. Il fait savoir qu'il n'y a pas que les enfants qui souffrent du trouble de déficit de l'attention, bien que cet ouvrage leur soit consacré. Au cours des 15 dernières années, les médias ont souvent présenté une image biaisée des enjeux du TDAH et ont dressé un portrait plutôt sombre de la médication, surtout en ce qui concerne les psychostimulants.

Certains lobbys ont carrément nié l'existence du trouble déficitaire de l'attention en prétextant qu'il s'agissait d'une « maladie » inventée par les psychologues et les psychiatres en Occident. L'Église de Scientologie a mené cette bataille de front pour que soit retirée du marché la médication stimulante. Si ces groupes de pression avaient obtenu gain de cause, le problème serait resté tout aussi entier, car ces enfants présentent des difficultés réelles dont ils sont les premiers à souffrir. Il se peut que la société et notre mode de vie moderne amplifient ces difficultés, mais celles-ci ont également une base biologique qui ne disparaîtra pas parce qu'on en nie l'existence. De la même façon, le Ritalin aura beau être condamné, il demeure l'une des solutions d'intervention les plus efficaces lorsqu'il est bien compris et que sa posologie est respectée. Les parents d'enfant qui souffre de ce problème peuvent en témoigner : cette affection est bien réelle et peut avoir de graves conséquences. Il ne s'agit pas d'un dysfonctionnement bénin, et c'est en cherchant à mieux cerner ce trouble, à mieux le saisir qu'il est possible de mieux intervenir.

Cette grande polémique, soulevée au début des années 2000 contre le diagnostic du TDAH et l'existence du Ritalin, a heureusement eu un effet d'attraction au sein de la communauté scientifique. De nombreux chercheurs et spécialistes ont poussé à la roue et les choses ont beaucoup évolué depuis. En 2002, un travail de concertation mené par le docteur Russell Barkley, un éminent professeur de l'Université du Massachusett, a donné lieu à la signature d'un protocole d'entente pour rendre publiques les préoccupations des scientifiques à propos du TDAH. Sur le plan neurologique, des spécialistes ont démontré que les personnes souffrant de ce trouble ont une activité électrique moindre dans certaines régions du cerveau, entre autres au niveau du lobe frontal. Nous le comprenons mieux depuis les fondements biologiques et physiologiques du trouble de déficit de l'attention. Nous savons également que l'hérédité joue un rôle important. Des études sérieuses ont de plus révélé des facteurs de risque importants, comme le manque d'oxygène lors de l'accouchement et les naissances prématurées.

Les informations contenues dans cet ouvrage avaient pour but d'informer le lecteur afin qu'il puisse y réfléchir et se faire une idée juste de la réalité que vivent de nombreux enfants. De plus, lorsqu'ils sont expliqués, les mécanismes d'action des médicaments peuvent être démystifiés et faire taire les nombreuses croyances populaires qui tiennent malheureusement les parents

et, souvent, les enseignants, dans l'ignorance. Favoriser la compréhension plutôt que le jugement ou la condamnation, telle était
l'humble prétention de cet exercice.

Toujours dans une perspective humaniste, le lecteur a été
invité à explorer quelques pistes d'un point de vue thérapeutique.
En effet, les médecines dites « douces » peuvent venir en aide aux
personnes qui souffrent du TDAH. Que l'enfant consomme un
médicament ou non, nous devrions considérer les bienfaits de ces
thérapies.

Les enfants qui souffrent du trouble déficitaire de l'attention
ne sont pas comme les autres. Ils ont besoin de plus d'attention,
de plus d'encadrement. Ils nécessitent des règles claires, concrètes
et constantes, ont davantage besoin d'une présence parentale et
requièrent une plus grande stabilité, une meilleure reconnaissance, des encouragements plus fréquents, etc. Voilà ce qu'est
aimer son enfant et vouloir son bien. Mais, en cours de route,
nous avons confondu amour, discipline, désirs, besoins, règles et
encadrement. Nous avons cru que nous donnions encore plus
d'amour à nos enfants que nous ne l'avions jamais fait auparavant, mais c'est l'inverse qui s'est peut-être produit. Nos petits se
retrouvent plus seuls que jamais dans cette nouvelle ère de l'enfant-roi et du parent absent. L'adulte permissif qui accepte un
comportement indésirable de la part de son enfant, qui acquiesce
à tous ses désirs, qui se sent coupable d'imposer la moindre règle
et la moindre sanction contribue malheureusement aux problèmes qu'il souhaite éviter.

Quant au petit qui grandit sans règles ni discipline, il n'a ni
repères, ni balises pour se guider. Il patauge dans l'inconnu, dans
l'insécurité et dans le désarroi. Mais imposer des limites à un
enfant demande de l'énergie et des efforts. En effet, cela signifie
qu'il y a un prix à payer. La restriction sera marquée par un

moment nécessaire — aussi court soit-il — de souffrance des deux côtés. Le parent doit accepter ce désagrément pour l'imposer à son enfant en toute quiétude. De nos jours, la condition de vie familiale monoparentale fréquente nous laisse moins de temps avec notre enfant et la culpabilité s'installe plus facilement. À ce moment-ci, l'heure est sans doute au bilan. Les parents doivent retrouver cette qualité qui consiste à remettre leur rôle en question, à réévaluer leurs compétences, à faire des choix et à apporter les changements qui s'imposent. Quelle belle attitude que d'avoir l'humilité et la maturité de dire : « D'accord, j'ai mal agi, je le reconnais. Je vais faire autrement la prochaine fois… »

En s'appropriant ce livre, le lecteur espérait peut-être y trouver une solution simple et efficace qui ferait en sorte d'améliorer la condition de son enfant atteint du trouble déficitaire de l'attention. Il aurait également pu croire que le Ritalin était une solution facile. Il a certainement pu remettre en question cette fausse croyance. La médication impose un défi de taille. Les enfants ne réagissent pas tous de la même façon au médicament, sans compter qu'il n'est pas efficace pour tous. En nous préoccupant tout d'abord du diagnostic, nous constatons que chaque enfant représente un cas particulier et que l'on doit le considérer dans sa globalité. C'est ainsi que plusieurs personnes sont impliquées dans le processus du diagnostic, du professeur jusqu'au médecin. De plus, la relation parent-enfant, l'environnement de l'enfant, son histoire, ses traumatismes, son bilan de santé, sa vulnérabilité, tous ces facteurs doivent être considérés dans le pronostic. N'oublions pas non plus que personne ne va forcer qui que ce soit à ingurgiter une pilule. En revanche, si le choix des parents et de l'enfant s'est arrêté sur la médication, autant en explorer toutes les facettes. La posologie doit être respectée pour que la pertinence et l'efficacité puissent être évaluées. Lorsque le bon enfant reçoit la bonne médication, la différence peut être énorme dans son développement et son apprentissage.

Malgré l'ennui de constater que les psychostimulants fonctionnent pour un grand pourcentage de jeunes, ces médicaments ne doivent pas être pris à la légère. L'association PANDA soutient que la seule volonté du professeur ne suffira pas à la tâche. Mais elle affirme également que le médicament pris seul risque aussi de ne pas aider l'enfant de façon suffisante. En effet, cela signifie que la solution ne sera pas simple. La bonne approche à privilégier dans ce contexte demandera des efforts de la part de tous les adultes qui gravitent autour du jeune. Un travail de concertation s'avère nécessaire afin de réunir la force d'un réseau d'intervenants. Avec le Ritalin qui a fait ses preuves, pourquoi ne pas mettre toutes les chances de votre côté en adoptant en plus une alimentation saine pour l'enfant? Un régime faible en sucres (de tous genres, surtout les sucres raffinés), riche en acides gras et en magnésium.

Mais ce n'est pas tout. Une approche multimodale dans le traitement contre le trouble déficitaire de l'attention peut être avantagée dans plusieurs cas par un traitement psychothérapeutique. Il existe quelques types de thérapies, la dernière partie de cet ouvrage en a fait état. Une attitude humaniste prend en considération les émotions et les besoins de l'individu, tout en tenant compte de son environnement. Elle peut se retrouver à l'intérieur d'autres approches thérapeutiques, mais en elle-même, cette façon d'aborder la psyché humaine requiert de la part du sujet une capacité d'introspection et une volonté de se remettre en question à toute épreuve. Les changements que le travail sur la personne imposera de lui-même pourront conduire l'individu sur le chemin du bonheur en permanence. Auprès des enfants, c'est souvent l'approche cognitive qui est recommandée; elle apporte des changements concrets de la manière qui correspond le mieux à l'environnement de l'enfant.

Les enfants qui souffrent du trouble déficitaire de l'attention, qu'ils soient hyperactifs ou non, peuvent tous bénéficier d'un suivi psychologique effectué par un spécialiste dans le domaine. Ces jeunes peuvent apprendre des choses d'eux-mêmes, ne serait-ce que par rapport à leur estime de soi. Mais en observant le problème dans son ensemble, nous pouvons aisément déduire que la qualité des interventions dépendra d'un effort collectif et de la participation de tous les adultes qui interviennent auprès de l'enfant. Mme Daigle, une directrice d'école d'expérience, déclare : « Il faut un travail de concertation qui implique d'abord les parents, puis les différents professionnels, pour aider l'enfant à progresser, et ce, quel que soit le type de médication ou de thérapie que l'on voudra bien choisir. » Même si les scientifiques demeurent sûrs que de nouveaux médicaments nous débarrasseront de ce problème à jamais, peut-on vraiment s'en remettre à des solutions aussi faciles pour un problème aussi complexe ? On cherche des trucs, des conseils, des astuces. On s'affaire à traiter aussi rapidement et efficacement que possible. Si vous connaissez un pharmacien, il vous dira certainement qu'il a souvent entendu la phrase suivante : « Oh les médicaments, vous savez, je n'aime pas tellement ça ! » Peu de gens aiment vraiment les pilules. À plus forte raison lorsqu'il s'agit de les administrer à notre enfant.

Mais lorsque le médecin nous passe le bout de papier avec le mot « méthylphénidate » couché dessus, devons-nous renoncer à la pharmacothérapie sous prétexte que nous n'aimons pas tellement les médicaments ? Allons-nous remplacer la substance par une plante miracle ou par la phytothérapie ou l'homéopathie ? Cette décision représente un véritable déchirement pour les parents. Nous ne voulons pas droguer nos jeunes. Nous savons en quoi consiste ce médicament, de quoi il est fait et quel est son effet sur le corps et l'esprit. Nous avons envie d'explorer d'autres voies, d'autres solutions possibles. Nous sommes sensibles au sort de nos enfants. Ils sont notre avenir, ils sont tout pour nous.

Prenons-en bien soin.

CONCLUSION PERSONNELLE DE FRANCIS BRIÈRE

Lorsque mon éditeur m'a proposé cet exercice, je n'ai pas hésité une seconde. Je savais pertinemment ce qui m'attendait et je n'ai pas été déçu. Ce travail m'a passionné du début à la toute fin, il m'a permis d'échanger avec des personnes généreuses et extrêmement touchées par cette cause. En revanche, en acceptant d'écrire ce livre, j'ai aussi reconnu dès le départ qu'il me fallait garder une certaine distance critique par rapport aux solutions faciles, à la loi du moindre effort. Parce que l'auteur d'un bouquin comme celui-ci doit prendre la responsabilité de fournir de l'information juste, actuelle et objective au lecteur. Je me dois de défendre mes propos au quotidien devant les journalistes, certes, mais aussi devant le grand public dont je respecte l'intelligence et le discernement.

Lorsque le travail m'a amené sur le terrain à côtoyer des intervenants qui se retrouvent sur la ligne de front du champ de bataille, j'ai compris que les solutions sont tout aussi complexes que le problème lui-même.

BIBLIOGRAPHIE

ALLAIN, Carol. *L'enfant Roi*, Les Éditions Logiques, Montréal, 2004.

BARKLEY, Russell A. *ADHD and the Nature of Self-Control*, New York, Guilford Press, 1997.

BARKLEY, Russell A. « More on the New Theory of ADHD », *ADHD Report*, New York, vol. 2, n° 2, 1994.

BARKLEY, Russell A. *Taking Charge of ADHD — The Complete Authoritative Guide for Parents*, New York, Guilford Press, 1995.

BERGÈS, J., et M. BOUNES. *La relaxation thérapeutique chez l'enfant*, Masson, Paris, 1974.

HALMOS, Claude. *Pourquoi l'amour ne suffit pas*, Nil éditions, Paris, 2006.

JULIEN, Gilles. *Aide-moi à te parler*, Presses de l'Hôpital Sainte-Justine, Montréal, 2004.

JULIEN, Gilles. *Soigner différemment les enfants*, Les Éditions Logiques, Montréal, 2004.

LECENDREUX, Michel. *Réponses à vos questions sur l'hyperactivité*, Solar, Paris, 2003.

LOCKIE, Andrew. *Guide pratique de l'homéopathie*, Hurtubise HMH, Montréal, 2001.

VALLERAND, Robert. *Psychologie Sociale*, Guérin éditeur, Montréal, 1995.

VIRANI, Adil S. *Trouble du déficit de l'attention / hyperactivité (TDAH)*, FC Essentielle (Apotex inc.), 2006.

Entrevues effectuées

Sylviane Salois, éducatrice spécialisée, et Manon Daigle, directrice, le mardi 9 mai 2006.

Sophie Labrosse, pharmacienne, le mardi 25 avril 2006.

Marc Croteau, directeur de l'école primaire alternative Élan, Montréal, le jeudi 16 juin 2006.